두통 씨의 경제 이야기

좋은 돈, 나쁜 돈, 이상한 돈

사회와 친해지는 책 경제

두통 씨의 경제 이야기

좋은 돈, 나쁜 돈, 이상한 돈

권재원 지음

창비

• 차례 •

이야기를 시작하며   7

두통 씨의
첫 번째 이야기

돈은 가치를 재는 도구   14

두통 씨의
두 번째 이야기

돈의 생명은 믿음   42

두통 씨의
세 번째 이야기

안전하지 않은 돈   66

새로운 가치를 드러내는 돈 92

돈이 드러내지 못하는 가치 118

돈은 어떻게 달라져 왔을까? 142
작가의 말 144

이야기를 시작하며

엄청난 일이 일어났다. 재원이와 두통 씨가 만난 것이다! 이제 막 책을 읽기 시작한 여러분을 위해 재원이와 두통 씨에 대해 장황하게 소개해 주겠다. 나의 친절한 마음으로 말이다.

재원이는 열두 살 평범한 여자아이다. 덧붙여 모든 아이들은 평범하다고 생각하는 순간, 여러분의 뒤통수를 탁 칠 준비를 하고 있다는 사실을 명심하길 바란다.

유령이 아닙니다.

이름: 권재원
나이: 열두 살
취미: 돈 모으기, 만화 그리기
특기: 잔머리 굴리기

재원이가 다른 아이들과 다른 점 하나를 굳이 꼽자면(다른 점을 일일이 다 늘어놓는다면 이 책을 시작한 이유는 꺼내지도 못한 채 책이 끝나 버릴 테니.) 돈을 은행이 아니라 머리통 모양의 항아리에 모아 둔다는 것이다.

재원이는 돈을 은행에 맡기는 것이 불안했다. 은행에 불이 나면? 은행 컴퓨터에 문제가 생겨 내가 저금한 돈이 0원이 되면? 너무 심한 망상이라고 생각하는가? 아니다. 별일이 다 일어나는 세상에 이런 일이 일어나지 않으리라고 어떻게 장담하겠는가?

재원이는 돈을 가장 안전하게 보관하는 방법을 연구한 결과, 가진 돈을 모조리 머리통 모양의 항아리에 넣어 두었다. 그리고 매일 밤 잠들기 전, 돈을 꺼내 세고 또 세며 미소를 지었다.

두통 씨는 재원이가 저금통으로 쓰는 항아리다. 언제 만들어졌는지는 알 수 없다. 여러 주인들을 거치다 벼룩시장까지 오게 되었는데 재원이가 단돈 천 원에 샀다.

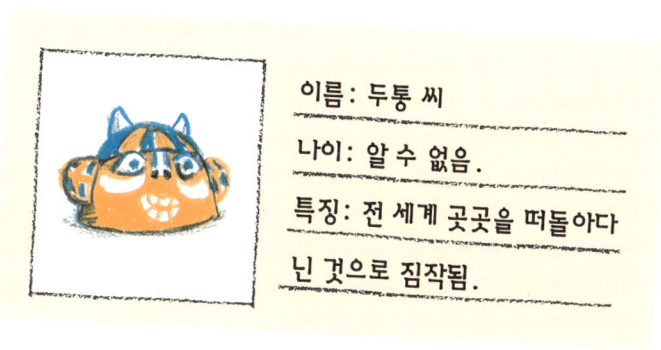

이름: 두통 씨
나이: 알 수 없음.
특징: 전 세계 곳곳을 떠돌아다닌 것으로 짐작됨.

재원이는 항아리에게 '두통 씨'라는 이름을 지어 주고(유식하게도 머리를 뜻하는 한자 '두'에 통을 붙인 다음 공손하게 '씨'라는 높임말까지 붙였다.) 자신의 저금통으로 쓰고 있다.

자, 등장인물 소개는 이만하고 본론으로 들어가겠다.
풀벌레가 날개가 부서져라 울어 대던 어느 여름밤, 재원이가 막 잠이 들자 책상 위에 뚱하게 있던 두통 씨가 눈을 껌벅이더니 하품을 요란하게 하는 것이 아닌가. 두통 씨는 눈알을 빙글빙글

씰룩 씰룩

돌리고 얼굴의 모든 근육을 씰룩거리더니 녹슨 손잡이가 삐거덕거리는 소리를 냈다.

"돈이 하도 많이 들어 있으니 속이 더부룩해서 잠이 오지 않잖아. 하기야 이 몸이(머리밖에 없으면서 무슨 몸을 말하는 건지 모르겠지만.) 워낙 매력적으로 생겨 돈을 넣어 주고 싶은 심정은 이해를 하겠다만."

두통 씨는 고뇌하는 영화 주인공처럼 분위기를 잡으며 목소리를 깔았다.

"이전 주인은 세계 각국의 화폐를 나에게 담아 뒀지. 어마어마하게 뚱뚱한 허풍쟁이였는데 곧잘 나에게 이야기를 건넸어. 돈을 어떻게 벌었고, 어떻게 썼고, 돈 때문에 울고, 돈 때문에 웃고, 어쩌고저쩌고. 그의 이야기는 언제나 돈이었지."

두통 씨의 눈이 야릇하게 빛났다.

"야심한 밤에 할 것도 없는데 돈에 대한 이야기나 해 볼까? 이야기를 하려면 듣는 사람이 있어야지."

두통 씨는 몸을 흔들며 우스꽝스러운 춤을 추기 시작했다.

짤랑, 짤랑, 짤짤짤, 짤, 짤, 짤랑.

춤의 속도에 맞춰 두통 씨 안에 담긴 동전들이 경쾌한 소리를 냈다. 두통 씨는 억양 없는 목소리로 중얼거렸다.

눈을 뜨거라, 눈을 떠.

내가 항아리라는 사실은 잊고,

멋쟁이 두통 씨라고 믿어라.

재원이가 눈을 게슴츠레하게 뜨더니 부스스 일어나 앉았다. 재원이는 신나게 머리를 흔들어 대는 두통 씨를 보고도 기절하거나 비명을 지르지 않고 하품만 늘어지게 했다. 두통 씨가 키드득거렸다.

"최면에 걸린 거야. 내가 한때 최면술사와 함께 지낸 적이 있거든. 나는 머리가 워낙 좋아서 한 번만 봐도 다 기억할 수 있어. 그 덕분에 최면술도 익히게 되었지. 누군가를 최면에 걸리게 하려면 그 사람이 좋아하는 소리를 들려주면 돼. 재원이는 짤랑짤랑 돈 소리를 가장 좋아하지. 자, 그럼 슬슬 이야기를 시작해 볼까?"

두통 씨의
첫 번째 이야기

돈은 가치를 재는 도구

이제부터 네가 좋아하는
돈 이야기를 들려줄 거야.
영광인 줄 알고 귀 기울여 들어 봐.

재원이는 하품을 하고 목을 긁적이며 관심 없다는 태도를 보였지만 두통 씨는 아주 활기차게 물었다.

"돈에 대한 첫 번째 질문, 돈은 왜 생겨났을까?"

재원이는 시큰둥하게 대답했다.

"물건을 사려고 생겨났지요."

"딩동땡!"

두통 씨가 큰 소리로 신나게 외쳤다. 재원이가 눈을 치켜떴다.

"에? 맞으면 딩동댕이고 틀리면 땡이지 딩동땡이 뭐예요?"

"완전히 틀리지는 않았지만 정확히 맞는 답도 아니거든. 돈이 있으면 물건을 살 수 있지만, 물건을 사기 위해 돈이 생긴 건 아니야. 그건 돈의 가치를 오해하고 있는 거야."

순순히 물러날 재원이가 아니다. 재원이는 두 손을 흔들며 따졌다.

"그게 그거죠. 물긴을 살 수 있으니까 돈이 가치가 있는 거라고요. 바보 두통 씨."

두통 씨는 바보라는 말에 발끈했다.

"우선 나는 바보가 아니다. 내 머리가 얼마나 좋은데. 그리고 가치라는 것이 뭔지 알기는 하냐?"

재원이가 입술을 비죽 내밀었다. 깔보는 듯한 두통 씨의 말투가 몹시 마음에 안 들었기 때문이다.

"그쯤이야 당연히 알죠. 가치는 '중요한 정도'라고요."

"중요한 정도라, 좋은 대답이야. 그런데 중요한 정도라는 것은 사람이나 상황에 따라 달라지겠지. 내가 아주 재밌는 이야기를 해 주마."

두통 씨는 헛기침을 하고 이야기를 시작했다.

"황소를 천 마리 가진 사람이 있었지. 아주 부유하고 멋진 사람이었어. 그런데 어느 날 갑자기 사과가 먹고 싶어진 거야. 그냥 사

과를 먹고 싶은 정도가 아니라 안 먹으면 죽을 것처럼 절실하게 사과를 원했지."

"왜 그렇게 사과를 원하는데요? 사과를 안 먹으면 죽는 병에 걸렸어요?"

재원이가 물었지만 두통 씨는 재원이의 질문은 무시하고 하던 이야기만 계속 했다.

"공교롭게도 황소 주인은 소는 천 마리나 가졌지만 사과는 없었어. 집 근처에도 사과 가게는 없었지. 황소 주인은 절박해진 나머지 사과 과수원 주인을 찾아가서 황소 한 마리와 사과 한 바구니를 바꾸자고 했지."

"황소 한 마리와 사과 한 바구니요? 그건 황소 주인한테 너무 손해잖아요."

"흠, 하지만 황소 주인은 그만큼 사과를 원했던 거야. 황소 주인은 사과가 황소보다 더 중요하게 느껴졌지."

"그래서 어떻게 되었어요?"

"그런데 사과 주인은 황소 공포증이 있었어. 사과 주인은 황소 사진만 봐도 오줌을 찔끔 쌀 정도로 황소를 무서워했거든. 사과 주인은 절대로 사과를 황소와 바꾸려 하지 않았지. 그 대신 인심 좋은 사과 주인은 사과를 황소 주인에게 선물로 줬지."

"사과 주인은 왜 황소 공포증이 있는데요? 어릴 때 황소한테 볼기짝을 물렸나요?"

재원이의 궁금증은 아까보다 더 커졌다.

'황소 공포증이라니, 대체 무슨 일이 있었던 걸까? 황소 공포증이 있는 사람은 젖소도 무서워할까?'

이제 재원이는 돈이 왜 생겼는가는 아무래도 상관없었다. 오로지 왜 황소 주인은 사과를 먹지 않으면 죽을 것 같은지, 왜 사과 주인은 황소 공포증이 생겼는지 알고 싶었다. 하지만 두통 씨는 재원이의 궁금증은 조금도 풀어 줄 생각이 없는지 열정적인 태도로 가치에 대해서만 말했다.

"이 이야기에서도 알 수 있듯이 똑같은 물건에 대한 가치라도 사람이나 상황에 따라 달라져. 똑같은 사과 한 바구니라도 황소 주인에게는 소 한 마리와 맞바꿀 만큼 가치가 큰데, 사과 주인에게는 공짜로 줄 수 있을 만큼 가치가 크지 않지. 그러니 서로 다른 것들의 가치를 직접 비교하는 것은 얼마나 어렵겠니? 서로가 느끼는 가치의 차이가 심하면 각자의 가치가 옳다고 다투거나, 원하는 것을 강제로 얻기 위해 도둑질이나 폭력을 쓸 수도 있어. 그러니 돈이라는 기준이 필요한 거지."

"하지만 처음부터 돈이 있었던 건 아니잖아요. 원시 시대에는 물물 교환을 하지 않았어요?"

재원이가 반박하자 두통 씨는 입을 비죽 내밀었다.

"흠, 제법 알고 있군. 원시 시대 사람들의 삶은 무척 단순했어. 무엇이든 눈에 띄는 대로 먹고, 식물이나 동물의 가죽으로 옷을 지어 입었지. 필요한 물건은 자신들의 힘으로 직접 구해야 했어. 그래서 돈이 필요 없었어."

"거 봐요. 내 말이 맞잖아요. 옛날에는 돈이 없었다고요."

재원이가 거드름을 피우며 말했다. 두통 씨는 재원이를 무시한 채 설명을 이어 갔다.

"세월이 흐르면서 사람들은 더 이상 사냥과 채집에만 의지해 먹을 것을 구하지 않았어. 직접 농사를 짓고 동물을 길렀지. 농사를 지어 넉넉한 식량을 얻게 되자 사람들의 관심은 새로운 것으로 향했어. 그릇이나 항아리를 만들게 되고, 농기구를 전문적으로 만드는 대장장이가 생기고, 가축을 전문적으로 키우는 사람이 생겼지. 이제 사람들은 필요한 물건을 다 만들어 쓸 필요가 없었어. 내가 가진 물건과 상대방이 가진 물건을 바꿔 쓰면 되니까. 이걸 '물물 교환'이라고 해. 그런데 앞에서도 이야기한 것처럼 물물 교환을 하다 보면 갈등이 생기기 마련이야. 바꾸려고 하는 물건들의 가치가 다르기 때문이지. 사람들은 평화적으로 살기 위해서 가치를 재는 기준이 필요했어."

"가치를 재는 기준요?"

"응. 센티미터, 그램 등의 기준을 이용해서 길이나 무게를 재면 어느 게 더 긴지, 더 무거운지 실랑이할 필요가 없잖아. 마찬가지로 가치를 재는 기준이 있다면 서로 다른 가치들을 같은 기준으로 비교할 수 있을 테니까 다툴 필요가 없지."

두통 씨가 황소 주인과 사과 주인에 대해서는 더 이상 이야기할 것 같지 않다는 것을 알아차린 재원이는 시큰둥하게 코를 파기 시작했다.

두통 씨는 콧구멍을 크게 벌리고 목소리를 높였다.
"중요한 대목이니 콧구멍을 활짝 열고 귀를 기울여."
재원이는 한숨을 내쉬며 코에서 손가락을 빼냈다.
"가치를 재는 기준, 이것이 바로 돈이야. 돈은 평화롭게 교환을 하기 위해 생겨난 거야. 그냥 교환이 아니라 '평화로운 교환' 말이다."
두통 씨는 눈을 지그시 감더니 시를 읊었다.

눈에 보이지 않는 온도나 무게를 재어
눈에 보이는 표시로 나타내는 온도계나 저울처럼
돈은 눈에 보이지 않는 가치를 재어
눈에 보이는 양으로 보여 준다네.

돈은 물건뿐 아니라
노동력이나 재능처럼
눈에 보이지 않는 것의 가치도 재지.
복숭아의 가격은 3천 원, 복숭아 춤 관람료는 5천 원.

내가 왜 이러고 있지?

두통 씨가 눈을 뜨고 물었다.
"어때, 내가 지은 시가?"

재원이는 1초도 망설이지 않고 대답했다.

"구려요."

두통 씨는 잔뜩 삐졌다.

"흥, 네가 아직 시를 감상할 줄 몰라서 그래. 아무튼 기준이 생기자 생김새도 다르고, 무게도 다르고, 쓰임새도 다른 사물을 비교하기가 쉬워졌지. 나처럼 잘생긴 항아리의 가치가 5만 원이고 깃털 모자의 가치가 3만 원이라고 해 봐. 그럼 항아리의 가치는 모자 더하기 2만 원으로 간단히 정리할 수 있지. 돈이 가치들 간의 차이를 메워 균형을 맞춰 주니까."

재원이가 야무지게 따졌다.

"정해진 기준이 공평하지 않다고 여기는 사람들도 있을 것 같은데요? 깃털 모자를 만든 사람은 깃털 모자의 가치가 우스꽝스러운 항아리의 가치보다 더 크다고 여길 수 있잖아요."

두통 씨의 얼굴이 험악해졌다.

"먼저 항아리는 전혀 우스꽝스럽지 않아. 그리고 정해진 기준이 모든 사람들을 만족시킬 수 없는 건 당연한 거야. 아까 말했듯 물건에 대해 느끼는 가치는 사람마다 다르니까. 그래도 기준을 정하면 보다 평화롭고 편리하게 거래할 수 있기 때문에 사람들은 정해진 기준을 받아들였어. 기준도 없이 항아리와 모자를 바꾸려 한다면 서로 자신의 물건이 더 가치가 있다고 다투다 거래를 못 할 거야. 일하고 받는 돈, 교통비, 입장료, 세금 등 이 모든 것이 정해진 가치야. 가치가 하나도 정해져 있지 않다고 상상해 봐. 얼마나 정신이 없을까?"

교통비가 정해져 있지 않다면?

재원이는 두통 씨의 기나긴 이야기를 듣고 있자니 정신이 없어지는 것 같았다. 나불거리는 두통 씨의 입을 확 꿰매 버리고 싶었지만 항아리니 그럴 수도 없고……. 재원이의 마음을 알 리 없는 두통 씨는 계속해서 돈에 대해 말했다.

"처음에 사용된 돈은 물건이었어. 곡식, 옷감, 소금처럼 모두가 필요로 하고, 가치가 있다고 생각하는 물건이었지. 이런 돈을 '실물 화폐'라고 해. 길거리에 굴러다니는 돌멩이처럼 아무런 가치가 없는 것은 가치를 재는 기준이 될 수 없어. 숫자로 비유를 한다면 0은 아무리 더해도 0이잖아."

두통 씨는 쉬지 않고 말을 이어 나갔다.

"그뿐만이 아니야. 사람들은 금, 은, 깃털, 동물 뼈 같은 장식품을 돈으로 이용하기도 했지."

화폐로 쓰인 물건들

곡식 고대 이집트에서는 곡식을 돈처럼 사용했고, '곡식 은행'도 있었다. 사람들은 곡식을 왕실 창고나 개인이 운영하는 창고에 맡겼고, 필요할 때 찾아가거나 창고가 보관하는 곡식을 빌릴 수도 있었다.

소금 교통이 발달하지 않았던 옛날, 내륙 지역에서는 소금이 무척 귀해서 똑같은 무게의 금과 바꾸기도 했다. 고대 로마 제국에서는 군인들이나 관리의 월급을 소금으로 줬다. 월급을 영어로 'salary'라고 하는데 이것은 라틴어로 '소금(sal)을 지급하다'라는 말에서 비롯했다.

옷감 우리나라의 고대 국가 중 하나인 백제에서는 쌀과 옷감을 화폐로 사용했다. 비단으로 만든 커다란 옷감은 큰돈으로 사용하고, 비단실이나 삼베 실은 잔돈으로 사용했다.

금과 은 반짝이는 광채 때문에 옛날부터 신성하게 여겨졌다. 특히 금의 황금빛은 태양의 빛과 같다고 여겨 동서양의 많은 왕과 귀족이 권력을 과시하기 위해 금으로 장식을 했다. 고대 바빌로니아 제국에서는 지배 계급에게 금이나 은을 월급으로 주었다. 금과 은은 돈으로 사용하기에 편리하고 가치가 높아서 많은 나라에서 공식적인 돈으로 사용했다.

조개껍데기 인류 역사상 가장 오랫동안 사용된 돈으로 아시아, 아프리카, 태평양의 섬들에서 널리 쓰였다. 보물을 뜻하는 한자 보(寶)에 조개를 뜻하는 한자 패(貝)가 있는 것을 보더라도 귀하게 여겨졌음을 알 수 있다.

"아무리 귀하다고 하더라도 장식품은 아무 쓸모가 없는걸요. 먹지도 입지도 못해요. 돌멩이처럼 말이에요."

재원이가 삐딱한 표정으로 따지자 두통 씨는 더욱 삐딱한 표정으로 대답했다.

"너는 사람이면서 사람의 마음을 잘 모르는구나. 하루하루 먹고살기 바쁜 사람은 장식품을 가질 수가 없어. 돈이 많거나 지위가 높은 사람들만이 장식품을 가졌지. 장식품이 곧 부와 권력을 나타낸 거야. 장식품을 가진 사람은 다른 사람들의 부러움이나 존경을 받았어. 자신감과 우월감을 주는 장식품은 곡식이나 가축처럼 실용적인 것보다도 중요하게 여겨지기도 해. 나야 장식품이 없어도 자신감으로 꽉 차 있지만 말이야."

"자신감이 아니라 잘난 척이겠죠."

재원이는 두통 씨의 잘난 척이 너무나도 싫은 나머지 두통 씨의 콧잔등을 탁 쳤다.

"아야."

두통 씨는 비명을 지르며 제자리에서 한 바퀴 빙 돌았다. 무척이나 아파하는 것 같았지만 재원이는 두통 씨가 딱하다거나 미안하다는 생각은 눈곱만큼도 들지 않았다. 두통 씨는 고래고래 고함을 질렀다.

이건 범죄야, 범죄! 네놈을 용서할 수 없다. 너처럼 폭력을 함부로 휘두르는 사람은 감옥에서 평생을 썩어야 해.

그건 범죄가 아니라 사고였어요. 예쁜 내 손이 하필이면 두통 씨의 딱딱하고 못생긴 코 위에서 미끄러진 거죠.

두통 씨는 얼굴이 뻘게져서 금붕어처럼 입을 열었다 닫았다 하며 콧김을 뿜어 댔다. 재원이는 두통 씨가 빵 하고 터질지도 모른다는 생각에 한 걸음 뒤로 물러났다.

그러나 곧 두통 씨는 숨을 가다듬고 위엄을 갖추었다. 그러고는 아주 이상한 말을 했다.

"흠흠, 내 안에 들어 있는 돈 전부를 나한테 준다면 너그러운 마음으로 용서해 줄 수도 있지."

재원이는 두통 씨한테 용서를 구할 생각은 조금도 없었기 때문에 한 대 더 때리려고 손을 치켜들었다. 그런데 갑자기 방금 들은 말에 의문이 생겼다. 재원이는 손을 내리고 물었다.

"돈을 내면 용서해 준다고요? 두통 씨는 마치 돈으로 용서를 살 수 있는 것처럼 말하는군요. 정말 이상해요."

두통 씨가 묘한 미소를 지었다.

"이상해? 그런데 그 이상한 걸 사람들이 정한 거야."

"예?"

"사람들은 상품이나 노동력의 가치뿐 아니라 슬픔이나 기쁨 같은 감정 그리고 사람의 가치도 돈으로 매기기 시작했지."

재원이는 어이가 없었다. 감정에 무슨 가치가 있단 말인가? 게다가 사람의 가치라니. 사람이란 가치를 돈으로 매길 수 없는 소중한 존재라고 학교에서 배웠는데. 그래도 일단 두통 씨의 말을 들어 보기로 했다.

"사람들은 결혼이나 돌잔치 등 기쁜 일을 축하할 때 또 장례를 치르는 사람의 슬픔을 달래기 위해 돈을 주지. 기독교, 불교, 힌두교 등 대부분의 종교에서 신에게 감사를 드리거나 자신의 영혼을 구하기 위해 돈을 내. 죄를 용서받기 위해 벌금을 내는 것은 역사적으로 아주 흔한 일이었어."

재원이는 돈을 내고 죄를 용서받는다는 사실을 받아들일 수가 없었다.

죗값을 돈으로 치르다

- 고대 메소포타미아 지역에서는 은을 화폐로 사용했는데 사람의 코를 물면 벌금이 1미나(고대 그리스의 무게 단위로 약 500그램), 뺨을 때리면 10세켈(약 150그램)을 벌금으로 내야 했다.
- 고조선의 8조법에는 '남의 물건을 도적질한 사람은 그 주인의 노예가 되어야 하지만 죄를 용서받으려면 50만 전을 물어야 한다.'라는 문구가 있다.

"벌금을 낸다고 잘못한 일이 사라지는 건 아니잖아요. 아무리 많은 돈을 준다 해도 부모는 자식을 죽인 사람을 용서할 수 없을 거예요."

"복수는 복수를 부르고, 피는 피를 부른다."

두통 씨는 마치 연극 대사를 읊듯이 말했다.

"죄를 용서하지 않으면 싸움은 끝이 없겠지. 벌금은 죄를 용서하고 사회의 평화를 지키기 위해 생겨났어. 가벼운 죄에는 가벼운 벌금, 큰 죄에는 큰 벌금을 매겼지. 벌금의 크기가 범죄의 크기를 표현하는 기준이 된 거야. 그런데 사람을 죽인 죄에 대한 벌금은 죽은 사람의 신분에 따라 달랐어. 평범한 사람을 죽인 죄의 벌금과 왕을 죽인 죄의 벌금은 엄청난 차이가 났어. 노예를 죽인 경우에는 벌금을 내지 않아도 되었지. 그러자 사람들은 사람의 가치를 그 사람을 죽였을 때 내는 벌금으로 생각하게 되었어. 노예 한 명의 가치는 얼마, 평민의 가치는 얼마, 귀족의 가치는 얼마, 이런 식으로 말이야."

재원이는 고개를 갸우뚱했다.

"사람의 가치를 돈으로 표현하다니 그건 전혀 옳지 않다고요. 말도 안 돼."

신분마다 다른 목숨 값

조선 시대에 노비 주인은 노비를 죽이지만 않으면 어떤 폭력을 휘둘러도 처벌을 받지 않았다. 노비를 벌하겠다고 미리 관청에 신고를 하면 죽여도 아무런 처벌을 받지 않았다. 또 노비가 병이 있었다고 하면 노비를 죽여도 용서가 되었다. 반면 노비는 주인을 때리기만 해도 바로 사형을 당했다. 이것은 당시 노비의 가치가 하찮게 여겨졌다는 것을 보여 준다.

한편으로 재원이는 자기의 가치를 돈으로 따진다면 과연 얼마일까 하는 궁금증이 들었다. 싸움은 잘하지만 공부는 보통이다. 누가 시키는 일은 잘 안 하지만 좋아하는 일은 정말 열심히 한다. 아, 맞다. 만화를 잘 그린다. 웃기는 이야기를 만들고 그림을 그려 친구들에게 보여 주면 다들 신나게 본다. 문제는 선생님은 재원이가 수업 시간에 키득거리며 만화를 그리는 것을 좋아하지 않는다는 것이다. 이런저런 걸 따져 봐도 재원이는 자기의 가치가 얼마인지 알 수 없었다.

재원이는 자기 자신에게 가격을 매기는 일은 그만두고 두통 씨의 말에 귀를 기울였다.

"지금은 사람에게 가격을 붙여 사고파는 것이 옳지 않다고 생

각하지만 과거에는 당연한 일이었어. 이처럼 가치는 시대에 따라 달라진단다. 박물관의 유리장 안에 귀부인처럼 우아하게 놓인 고대의 농기구들을 생각해 봐. 그것들은 원래 땅을 파는 도구였을 뿐이야."

두통 씨는 재원이가 열심히 듣자 흐뭇해했다. 마치 첫 제자를 맞이한 선생님이라도 된 것 같은 태도다.

"지금 옳다거나 당연하게 여기는 것이 다른 시대, 다른 장소에서는 받아들여지지 않을 수 있지. 과거에는 깨끗한 공기와 물의 가치를 돈으로 따질 생각조차 하지 않았어. 그런 것은 당연히 공짜로 얻었으니까. 그런데 요즘은 어때? 공기와 물이 오염되자 깨끗한 공기와 물을 얻기 위해 공기 청정기, 정수기, 생수를 돈을 주고 사잖아."

물의 가치는 시대에 따라 달라진다.

재원이는 고개를 끄덕이며 생각에 잠겼다.

"사람의 가치도 변해. 옛날에는 춤추고 노래하고 연기하는 광대들을 천하게 여겼지만 요즘의 연예인은 부러움의 대상이야. 요리는 여자들이나 하는 것이라고 여겼던 때도 있었지만 지금은 유명한 남자 요리사들이 많이 생겼지. 이처럼 좋다, 싫다, 옳다, 그르다, 하찮다, 중요하다 등 가치에 대한 기준은 계속 바뀌어."

재원이는 가치라는 것이 바뀔 수 있다고 생각해 보지 않았다. 세상은 처음부터 지금과 같았고 앞으로도 당연히 이럴 것이라고 여겼다. 재원이는 인상을 쓰고 고개를 한쪽으로 기울였다. 재원이가 집중해서 어려운 생각을 하고 있다는 뜻이다. 두통 씨는 재원이가 생각을 정리할 수 있도록 잠자코 기다렸다. 잠시 후 재원이가 입을 열었다.

"1센티미터는 세계 어느 나라에서나 같은 길이이고 백 년이 지나도 같은 길이일 거예요. 1그램도 마찬가지고요. 변하지 않기 때문에 기준이라고 할 수 있죠. 그런데 가치의 기준이 계속 변한다면 그래도 그걸 기준이라고 할 수 있나요?"

두통 씨는 몹시 기뻐했다. 정말 이상하다. 재원이가 질문을 던진 것이 뭐가 그렇게 좋은 일이라고.

"브라보! 좋은 질문이야. 그 질문에 대답하는 것은 쉽지 않지만 말이야. 굳이 대답을 해야 한다면 내 대답은 이거야."

재원이는 눈을 크게 뜨고 두통 씨의 대답을 기다렸다. 두통 씨는 입술을 쭉 내밀고 한 글자, 한 글자 힘주어 또박또박 말했다.

그건 어쩔 수 없는 거란다.

대단한 대답을 기대했던 재원이는 두통 씨가 자기를 놀리고 있다고 생각했다. 가만히 당하고 있을 재원이가 아니다. 재원이도 입술을 쭉 내밀고 한 글자, 한 글자 힘주어 또박또박 말했다.

놀랍게도 두통 씨는 화를 내지 않았다. 오히려 재원이의 말에 고개를 끄덕이기까지 했다.

"엉터리라고 해도 어쩔 수 없어. 가치가 길이나 무게와 달리 변덕스럽게 변하는 것은 사람의 마음이 들어 있기 때문이야. 길이나 무게에는 사람의 마음이 전혀 들어 있지 않아. 길어 보인다거나 무겁게 느껴진다고 실제 길이나 무게가 변하지 않지. 그런데 가치란 것은 사람의 생각이나 느낌에 관한 것이야. 생각과 느낌이 끊임없이 변하는데 가치가 어떻게 안 변할 수 있겠니?"

재원이는 말문이 딱 막혔다. 그런데 더 기가 막힌 것은 자기의 말문이 왜 딱 막혔는지 모르겠다는 점이다. 자기 대답이 엉터리라고 인정해 버린 두통 씨의 태도 때문일까? 아니면 변하지 않는 것이라고 믿었던 가치가 엉터리라는 것 때문일까?

재원이의 오른쪽 관자놀이가 지끈거리며 탁탁 튀었다. 재원이는 관자놀이를 엄지손가락으로 꾹 누르며 말했다.

"가치의 기준이 계속 변한다면 가치의 기준이 되는 돈도 계속 변하겠네요. 아, 뭔가 다 엉터리 같아요."

두통 씨는 싱글싱글 웃으며 재원이를 보았다.

"맞아. 엉터리 같기 때문에 돈에 대해 알아보는 것은 재미있어. 원래 완벽한 것보다는 엉터리 같은 것이 더 재미있는 법이거든. 나와 이야기를 하다 보면 너도 차차 알게 될 거야."

재원이가 눈을 치켜떴다. '차차'라니, 또 만난다는 건가? 저 못생긴 낯짝은 이제 쳐다보기도 싫은데 말이다. 재원이가 싫다고 말하려는데 마루에 놓인 오래된 벽시계가 '댕댕댕' 울렸다.

재원이는 움찔움찔하더니 몸을 부르르 떨었다. 최면이 풀린 것이다. 재원이는 깜짝 놀랐다. 자기가 침대 가장자리에 걸터앉아 있는 것이 아닌가.

'내가 왜 앉아서 자고 있지? 방금 꾼 이상한 꿈은 또 뭐고? 꿈에 두통 씨가 나온 것 같은데.'

재원이는 두통 씨를 뚫어지게 쳐다보았지만 두통 씨는 여느 평범한 항아리처럼 책상에 얌전히 놓여 있었다.

'참 이상한 꿈이네.'
재원이는 다시 누워 가물가물 잠에 빠져들었다.

두통 씨의 두 번째 이야기

돈의 생명은 믿음

　재원이는 노르스름한 스탠드 불빛 아래서 책을 읽고 있다. 『왕자와 거지』라는 책인데 무척이나 재미있다. 한참 책을 읽던 재원이가 별안간 고개를 들어 두통 씨를 뚫어지게 보았다. 두통 씨의 눈알에 불빛이 반사되어 둔한 광채가 났다. 재원이는 연필로 두통 씨의 눈을 꾹 찔렀지만 아무 일도 일어나지 않았다. 다시 한 번 찔러 보아도 마찬가지였다.

　"그냥 꿈이었을 뿐이야. 항아리가 말을 할 리가 없잖아."

　재원이는 책을 덮고 침대에 누웠다. 눈을 크게 뜨고 어둠 속을 가만히 응시했다. 재원이는 어둠 속에서 눈을 감는 것이 싫다. 눈을 감고 있는 동안 침대 밑에서 뭐가 튀어나올지도 모르니까 말이다. 잠이 들고 나서 튀어나오면 어쩌느냐고? 그거야 어쩔 수 없지. 그래도 잠을 자고 있다면 아무것도 모를 테니 괜찮다. 중요한 것은 무서운 것을 느끼는가, 느끼지 못하는가이니까.

재원이는 눈을 아주 천천히 열일곱 번 깜빡였다. 그리고 곧 가볍게 코를 골기 시작했다.

두통 씨는 아주 자연스럽게 머리를 숙여 반쯤 먹다 만 초코파이를 덥석 베어 물었다. 재원이가 양치질을 하기 직전에 먹던 것이다.

"오호, 맛이 아주 좋은걸."

흡족해진 두통 씨가 머리를 기분 좋게 흔들자 짤랑짤랑 동전 소리가 났다. 그러자 주문을 외우지도 않았는데 재원이가 일어나 앉았다.

"최면이란 처음이 어렵지, 한 번 걸리면 그다음부터는 아주 약한 신호만 있어도 쉽게 걸려. 그나저나 이 책은 무슨 내용이야?"

재원이는 뻐근한 목을 돌리며 느릿느릿 설명했다.

"어느 나라에 왕자와 거지가 있었는데, 글쎄, 완전히 똑같이 생긴 거예요. 두 사람은 운명처럼 서로 만나게 되고 왕자가 거지와 옷을 바꿔 입자고 해요. 그런데 옷을 바꿔 입는 순간부터 사람들은 거지를 왕자라고 여기고, 진짜 왕자를 거지라고 여기게 되지 뭐예요? 왕자가 아무리 자기가 진짜 왕자라고 해도 아무도 믿지

왕자와 거지, 옷 한 벌로 신분이 뒤바뀌다.

않았어요. 반면 왕자의 옷을 입은 거지는 아무리 실수를 해도 왕자라고 여겨지고요."

"오호, 돈이 뭔지 잘 보여 주는 책이구나."

두통 씨의 말에 재원이는 손을 흔들었다.

"무슨 소리예요? 돈에 대한 이야기는 하나도 없어요."

두통 씨는 거들먹거리며 말했다.

"비유하는 거야. 시처럼 말이야. 오, 방금 아주 멋진 시가 떠올랐어. 잘 들어 봐."

두통 씨는 눈을 지그시 감고 낭랑한 소리로 시를 읊었다.

왕자가 왕자인 이유는
특별한 능력이나 강인한 힘 때문이 아니라
사람들이 그를 왕자라고 생각하기 때문이라네.
사람들이 믿지 않으면 왕자는 아무것도 아니야.

돈이 돈인 이유는
돈이 가치가 있기 때문이 아니라
사람들이 돈이 가치가 있다고 믿기 때문이라네.
사람들이 믿지 않으면 돈이란 아무것도 아니야.

재원이는 못마땅한 듯 입꼬리를 아래로 내렸다.

"돈이 아무것도 아니라니 그건 틀린 말이죠. 돈에 적힌 액수만큼 물건을 살 수 있으니까 돈이 가치가 있는 거죠."

재원이가 자기의 시를 조금도 좋아하지 않자 두통 씨는 샐쭉해졌다. 두통 씨가 퉁명스럽게 물었다.

"너는 왜 돈을 주면 물건을 살 수 있다고 믿지?"

"당연한 거니까요."

"왜 당연하지?"

"다들 그렇게 여기니까요."

재원이는 말을 하다 말고 입을 다물었다. 자기가 한 대답이 두통 씨가 시에서 말한 '돈이 돈인 이유는 돈이 가치가 있기 때문이 아니라 사람들이 돈이 가치가 있다고 믿기 때문이라네.'와 똑같았기 때문이다. 재원이는 짜증이 났다. 두통 씨는 거 보라는 듯이 우쭐했다.

"사람들이 너처럼 그렇게 의심을 하지 않고 믿기 때문에 쇳조각이나 종잇조각이 돈이 된 거야. 사람들이 거지를 의심하지 않고 왕자라고 믿었기 때문에 거지가 왕자가 된 것처럼 말이야. 돈의 재료는 쌀도, 금속도, 종이도 아닌 바로 믿음이야."

"아무리 그래도 돈의 재료가 믿음이라는 건 너무 심하죠."

재원이는 마지막까지 적에게 굴복하지 않으려는 용감한 투사처럼 반항적으로 말했다.

"흥, 내 말을 받아들이기가 힘든가 보군. 좋아. 돈이 믿음으로 만들어졌다는 증거인 폴리네시아의 돌 화폐에 대해 말해 주마."

두통 씨는 입에 들어 있던 초코파이를 꿀꺽 삼켰다.

"폴리네시아의 작은 섬 '얍'에서는 예로부터 돌로 된 화폐를 사용했어. 그런데 얍 섬은 흙으로만 이루어진 섬이라 돌이 거의 없었어. 돌 화폐를 만들기 위해서는 400킬로미터나 떨어진 팔라우 섬까지 목숨을 건 항해를 해야 했지. 값싼 물건들은 작은 돌 화폐로 사고팔았고, 땅이나 집, 배 같은 비싼 것들은 커다란 돌 화폐로 거래를 했어. 그런데 큰 돌 화폐는 너무 무거워 옮기기가 힘들었어."

"왜 굳이 돌을 화폐로 정해서 그 고생을 한대요?"

재원이가 피식 비웃었지만 두통 씨는 아랑곳하지 않고 설명을 계속했다.

"섬사람들은 무거운 돌 화폐를 애써 옮기지 않고 원래 있던 자리에 두었어. 그 대신 돌 화폐의 주인이 마을 주민들이 모인 자리에서 '이제부터 이 돌은 저 사람 것이오.'라고 선언하면 돌 화폐의 주인이 바뀐 것을 모두가 인정했어. 무거운 돌 화폐는 원래 자리에 그대로 있고 돌 화폐의 주인만 이 사람에서 저 사람으로 바뀌었던 거야. 한번은 어떤 사람이 돌 화폐를 배에 싣고 오다가 큰 파도를 만나 돌 화폐가 바닷속에 가라앉아 버렸어. 그런데 배에 타고 있던 선원들이 돌 화폐의 크기를 마을 사람들에게 말해 주자, 사람들은 바닷속에 있는 돌 화폐의 가치를 인정해 주었지. 주인은 바닷속에 있는 돌 화폐로 땅도 사고, 집도 사고, 배도 살 수 있었어."

두통 씨는 턱을 앞으로 쭉 빼며 의기양양하게 말했다.
"자, 이래도 돈이 믿음으로 만들어진 게 아니란 거냐?"
재원이는 여전히 두통 씨의 말을 받아들일 수가 없었다.
"사람들이 거짓말을 할 수도 있잖아요."

"물론 모든 사람들이 언제나 정직하거나 남을 위하지는 않아. 대부분의 사람들은 자기의 이익을 다른 사람의 이익보다 더 따지지. 자기의 이익이나 재미를 위해 사기를 치거나 남을 해치는 사람도 있어."

재원이는 살짝 시선을 돌렸다. 자기가 친구들에게 했던 온갖 거짓말과 장난들이 떠올랐기 때문이다.

두통 씨는 더욱 확신에 찬 말투로 목소리를 높였다.

"하지만 서로를 믿지 못한다면 같이 사는 건 불가능해. 함께 사는 사람들이 결정한 가치를 믿지 못한다면 돈은 아예 생겨날 수 없었겠지. 돈은 서로에 대한 믿음의 표시이니까."

"흠, 그건 그렇네요."

재원이는 애매한 소리를 내며 손가락을 책상 모서리에 대고 문질렀다.

"호오, 이제야 내 말을 믿는군. 돈 덕분에 거래가 편리해지자 사람들은 더 많은 물건을 생산했고, 더 많은 물건을 교환하기 위해 돈의 양은 늘어났어. 사람들은 남는 돈을 저축했어. 돈이 넉넉한 사람과 돈이 필요한 사람 사이에 돈을 빌려주고 돌려받는 일도 많아졌지. 사용하는 돈의 양과 액수가 커지자 사람들은 점점 더 편리한 돈, 재료는 값싸고 구하기 쉽지만 아주 큰 가치를 나타낼 수 있는 돈을 원하게 되었어."

가치를 '나타내는' 돈

옛날 러시아에서는 담비의 털가죽을 돈으로 사용했다. 나중에는 털가죽의 모서리를 작게 자르고, 거기에 국가의 도장을 찍어 돈으로 사용했다.

마침내 종이로 만든 돈, 지폐까지 나오게 되었지.

두통 씨의 커다랗게 뜬 눈이 금방이라도 머리에서 튀어나올 것 같았다.

"종이만큼 돈에 어울리지 않는 재료도 없을 거야. 종이는 흔하고 잘 찢어지는 데다가 진짜와 똑같은 가짜를 만들기도 쉽지. 끝없이 많은 양을 찍어 낼 수도 있고."

재원이는 뒤통수를 한 대 얻어맞은 기분이었다. 아니라고 하고 싶었지만 두통 씨의 말이 맞아 따질 수가 없었다.

"지폐는 천 년 전 중국에서 최초로 쓰기 시작했어. 이때의 지폐는 나라에서 만든 것이 아니라 송나라 상인들이 사용한 영수증이야. 중국 땅은 워낙 넓어서 금속 돈을 사용하기가 불편했어. 많은 양의 금속 돈을 보관하고 운반하기가 쉽지 않았지. 그래서 차와 소금 등 자주 거래되는 물건을 상인에게 맡기면, 상인은 물건의 가치가 적힌 영수증을 주었지. 이 영수증이 돈처럼 쓰였던 거야.

송나라 왕은 상인들이 쓰는 지폐가 탐났어."

두통 씨는 갑자기 헛기침을 하더니 왕의 목소리를 흉내 냈다.

"나도 종이로 돈을 만들어 물건과 바꿔야겠다. 지폐야 얼마든지 만들 수 있으니 세계 제일의 부자가 될 거야."

두통 씨는 다시 원래의 목소리로 돌아왔다.

"왕은 지폐를 만드는 권리를 독차지했어. 그리고 당시에 돈으로 사용되던 옷감이나 곡식, 소금을 돈으로 쓰는 걸 금지했지. 상인들에게는 나라에서 만든 지폐를 쓰도록 강요했어. 그러나 아무도 왕이 만든 돈을 쓰지 않는 바람에 결국 지폐는 사라졌지."

재원이는 고개를 끄덕였다. 당연한 일이다.

"그 뒤로도 중국의 왕들은 몇 번이나 지폐를 만들어 쓰려고 했지만 모두 실패했지. 칭기즈 칸의 손자이자 원나라의 황제인 쿠빌라이가 나타나기 전까지는 말이야."

재원이의 한쪽 눈이 살짝 가늘어졌다. 칭기즈 칸이 식당 이름인 줄 알았는데 이제 보니 사람 이름인가 보다.

"쿠빌라이는 매우 강력한 왕이었고 그의 명령은 곧 법이었지. 쿠빌라이는 종잇조각에 불과한 지폐를 믿을 수 있는 것으로 만들기 위해 지폐만을 유일한 돈으로 인정했어. 금이나 은, 금속으로 만든 동전은 사용하지 못하게 했지. 개인이 지폐를 함부로 만들면 목숨을 잃을 정도로 엄격한 법도 만들었어."

"헉, 너무 무서운 왕이네요."

"하지만 원나라에서 지폐가 성공할 수 있었던 것은 쿠빌라이가 무섭기 때문만은 아니었어. 백성들의 신뢰를 얻었기 때문이지. 쿠빌라이는 국가가 발행한 지폐를 관청에 가져오면 반드시 금이나 은으로 바꿔 주기로 약속했어. 그리고 이 약속을 지키기 위해 국가가 만든 지폐의 가치만큼 금, 은을 보관했지. 더불어 지폐를 함부로 찍어 내지 않도록 관리했고, 여러 가지 기관을 설치해서 물건의 가격이 오르지 않도록 애를 썼어. 국가가 언제나 지폐를 금은과 바꿔 주니까 백성들은 지폐를 금은과 똑같이 여겼어. 그 덕분에 북쪽의 몽골 고원에서 서쪽의 중앙아시아까지 지폐가 막힘없이 사용되었지."

"와, 대단한데요! 그때부터 지폐가 쓰인 거군요."

재원이는 감탄을 하며 손뼉을 쳤다. 두통 씨가 고개를 천천히 저었다.

"쿠빌라이가 1294년에 죽은 뒤, 지폐를 바꿔 주기 위해 마련해 놓은 금과 은을 왕과 귀족들이 멋대로 사용했어. 게다가 돈이 부족해지자 원래 찍어 내던 양보다 더 많은 돈을 만들었지. 1395년에 이르자 국가는 지폐를 더 이상 금이나 은으로 바꿔 줄 수 없었어. 지폐는 완전히 신용을 잃어 종잇조각이 되어 버렸고, 결국 지폐는 사라졌지."

"에? 한번 만들어진 돈이 사라질 수도 있는 거예요?"

"믿음을 잃어버린 돈은 더 이상 돈의 역할을 할 수 없으니 사라지는 거야. 하지만 믿음을 얻으면 무엇이든 돈이 될 수 있어. 현대 사회에서는 신용 그 자체가 돈이 되잖아. 신용 카드가 대표적인 예지."

신용 카드의 원리

물건이나 서비스를 구입할 경우 신용 카드를 제시하고 영수증에 서명을 하면 현금을 내지 않고도 살 수 있다. 구입한 금액은 일정 기간이 지난 뒤 예금 계좌에서 자동적으로 빠져 나간다.

"금고에 실물로 보관되던 돈은 이제 예금 계좌의 숫자로 바뀌었어. 내가 누군가의 계좌로 돈을 부친다면 은행 계좌에서 숫자가 변할 뿐, 실제 돈이 움직이지는 않아. 그래도 사람들은 신용이 돈이라고 믿기 때문에 아무 문제가 없어. 이래도 돈의 재료가 믿음이 아니라고 할 테야?"

"알았어요."

재원이는 내키지 않았지만 두통 씨의 말을 인정할 수밖에 없었다. 두통 씨의 낮은 콧대가 하늘을 찔렀다.

"드디어 나의 훌륭한 가르침을 받아들였군. 좋아! 내친김에 중세 유럽의 금 세공업자와 금 보관증에 대해서도 알려 주마."

재원이는 질겁하며 손을 흔들었다.

"아니, 알려 주지 않아도 좋아요."

그러나 두통 씨는 아랑곳하지 않고 설명을 시작했다.

"중세 유럽에는 금을 정밀하게 다듬어서 아름다운 장신구나 물건을 만드는 금 세공업자가 있었어. 금 세공업자는 금을 아주 튼튼한 금고에 보관했는데, 사람들이 금을 가져오면 금을 맡긴 만큼 보관증을 써 주었어."

"금 영수증 같은 거예요?"

"응, 보관증을 받은 주인은 언제든지 금을 찾을 수 있었고, 그

보관증을 다른 사람에게 팔 수도 있었지. 금을 직접 주는 것보다 보관증으로 지불하는 편이 훨씬 편리했기 때문에 대부분의 사람들은 금을 금고에 맡겨 둔 채, 보관증으로 거래를 했어. 보관증만이 사람에서 저 사람으로 이동했지. 간혹 금을 찾아가는 사람들도 있었지만 금을 맡기는 사람들도 늘 새로 생겼기 때문에 금고의 금이 바닥나는 일은 없었어. 그러다 보니 금 세공업자는 꾀를 내게 되었지."

"아하, 어떤 속셈인지 대강 알겠네요."

재원이는 심드렁하게 말했지만 금 세공업자의 이야기가 꽤 흥미진진했다. 두통 씨는 목소리를 가다듬더니 금 세공업자 흉내를 냈다.

두통 씨는 자신의 연기가 만족스러운 듯했다.

"금 세공업자는 금고에 들어 있는 금의 양보다 더 많은 보관증을 발행했어. 금 주인이 이를 따지는 경우에는 자기가 받은 이자를 나누어 주고 입막음을 하기도 했지. 금 세공업자가 발행한 보관증은 실제 금의 양보다 훨씬 많았지만 비밀이 새어 나가지 않는 한 금 보관증은 돈처럼 쓰였어."

두통 씨의 말에 재원이는 배신감을 느꼈다. 지금까지 두통 씨는 믿음에 대해 말했다. 그래서인지 재원이는 두통 씨를 믿을 만한 사람, 아니, 믿을 만한 머리통이라고 여겼다. 그런데 그 믿음이 송두리째 흔들리는 기분이었다. 재원이는 발끈했다.

"신용은 개뿔! 사기 맞아요. 거짓말을 해서 사람들을 속인 거니까. 그걸 신용이라고 한다면 두통 씨 역시 사기꾼이에요."

두통 씨는 재원이를 노려보았다.

"내 눈을 똑바로 봐. 금 보관증이 사기라면 모든 은행은 사기를 치고 있는 거야. 바로 이것이 은행의 원리니까 말이야. 은행은 돈이 넉넉한 사람의 돈을 맡아 두었다가 돈이 부족한 사람에게 빌려주지. 돈을 빌린 사람은 나중에 빌렸던 돈에 이자를 붙여 은행에 되갚아."

재원이는 팔짱을 끼고 미심쩍다는 듯 물었다.

"혹시 은행이 예금된 돈보다 더 많은 돈을 여기저기 빌려준다는 건가요? 금 세공업자가 있지도 않은 금을 가지고 보관증을 발행한 것처럼요?"

두통 씨가 혀로 딱 소리를 냈다.

"빙고. 은행은 빌려준 액수만큼의 돈을 가지고 있지 않아. 은행은 사람들의 믿음을 얻기 위해 어느 정도의 돈을 보관해 두긴 해. 하지만 사람들이 한꺼번에 맡긴 돈을 찾는다면 은행은 망해 버릴 거야. 돈을 되돌려 줄 능력이 없거든. 한마디로 파산하는 거지."

옛날의 금 보관소와 지금의 은행은 원리가 같다.

두통 씨는 어쩐지 즐거워 보였다. 재원이를 약 올리려는 게 분명하다. 나쁜 머리통 같으니라고.

"파산을 영어로 'bankrupt'라고 하는데 '부서진 의자'라는 뜻이야. 사람들이 맡겨 놓은 금을 찾아가려고 동시에 몰려든 사건에서 나온 말이지. 금을 찾으려고 줄을 서서 기다리던 사람들이 금고가 텅 빈 것을 보고 참다못해 금 세공업자에게 달려갔어. 이것은 속임수이며 사기라고 분통을 터뜨리면서 의자를 부러뜨렸지."

재원이는 의자를 부러뜨린 사람들의 심정을 충분히 이해할 수 있었다. 재원이라면 죄 없는 의자 대신 금 세공업자의 다리를 부러뜨렸을 것이다.

예전에 뉴스에서 은행들이 망했다는 기사를 접했을 때는 막연히 '그런가.'라고만 생각했지, 왜 망했는지는 궁금하지 않았다.

'이제 보니 가지고 있지도 않은 돈을 파는 장사를 하다 망한 거로군. 쳇, 쌤통이다. 잠깐, 그런데 사람들은 왜 다들 은행에다 저축을 하는 거지?'

재원이가 퉁명스럽게 물었다.

"은행이 망하면 예금한 돈이 사라질 텐데 왜 저축을 하죠?"

두통 씨는 묘한 표정을 지으며 재원이를 올려다보았다. 두통 씨의 시선이 재원이를 안절부절못하게 만들었다. 마침내 두통 씨가 말했다.

"믿기 때문이야."

재원이는 생각했다.

'어제의 '엉터리'라는 대답보다 훨씬 더 엉터리로군.'

하지만 재원이 역시 믿기 때문이라는 대답보다 더 적당한 대답을 생각할 수 없었다. 두통 씨는 말을 이었다.

"믿음은 사람들이 가진 특별한 능력이지. 사람들은 무엇인가가 가치가 있다고 믿고, 다른 이들이 약속을 지킬 것이라 믿고, 자신들의 꿈이 이루어질 것이라고 믿지. 그 덕분에 어려운 일을 이겨 내고 때로는 불가능해 보이는 일, 종이를 황금처럼 여기는 일도 해내지. 현재 인간의 모든 금융 활동, 그러니까 주식, 보험, 투자 등은 모두 믿음을 바탕으로 이루어지는 거야."

재원이는 잠시 망설이다 물었다.

"만일 믿음이 사라지면요? 뭐, 그럴 리야 없겠지만, 지금까지 사람들이 돈에 대해 가졌던 믿음이 사라지면요?"

두통 씨가 뭐라고 중얼거렸지만 알아들을 수가 없었다.

"뭐라고요?"

재원이는 두통 씨에게 다가가다가 바닥에 떨어진 풀 뚜껑을 밟았다. 대체 풀 뚜껑이 왜 거기에 있는 건지. 재원이는 "아야!" 소리를 지르며 발을 움켜쥐었다. 그리고 그 순간 최면이 풀렸다.

재원이는 방 한가운데에서 한 발로 깡충거리고 있는 자기 자신을 발견하고 어안이 벙벙해졌다.

'무슨 일이지? 어제는 앉아 있더니 오늘은 한 발로 서 있잖아. 혹시 몽유병인가?'

재원이는 절뚝거리며 침대로 돌아가 누워 두통 씨를 흘깃거렸다. 두통 씨는 아까 놓아 둔 그대로이다.

"바보 같아."

재원이는 짜증스럽게 내뱉고는 돌아누웠다. 그리고 이내 곯아떨어졌다.

두통 씨의
세 번째 이야기

안전하지 않은 돈

재원이는 자기가 몽유병일지도 모른다는 생각에 하루 종일 안절부절못했다.

'엄마에게 말해야 하나? 아니야. 오늘은 괜찮을지도 몰라. 오늘 밤에 아무 일도 없으면 말하지 말고, 또 그런 일이 생기면 말해야지.'

마음 같아서는 두통 씨를 멀리 갖다 버리고 싶었지만 안에 들어 있는 돈을 달리 둘 곳을 찾지 못했다. 새로 저금통을 사자니 돈이 아깝고, 은행에 예금을 하는 건 더욱 싫다.

재원이는 두통 씨를 수건으로 꾹 눌러 덮었다.

'이러면 꿈에서라도 못생긴 낯짝을 보지 않겠지.'

재원이는 비장한 얼굴로 침대에 누워 잠을 청했다.

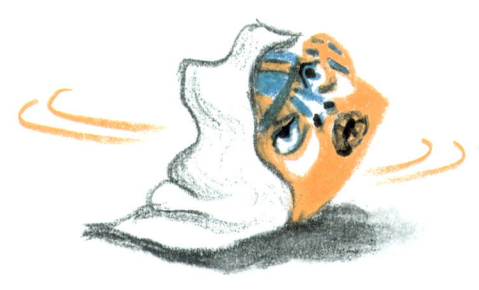

재원이가 잠이 들자마자 두통 씨가 머리를 마구 흔들어 수건을 떨어뜨렸다.

"갑갑하게 이런 걸 왜 덮어 놓았담? 혹시 내가 감기 들까 봐? 툴툴거려도 사실은 나를 걱정하고 있었군. 그나저나 출출한데 뭐 먹을 게 없나?"

책상 위에는 책과 연필만 있을 뿐 먹을 것은 없었다.

"이거 맥 빠지는걸. 이봐, 어서 일어나 봐."

두통 씨가 짤랑짤랑 소리를 내자 재원이가 바로 일어났다.

"어서 가서 먹을 것을 가지고 와. 어제저녁 네가 먹던 달콤한 거 말이야."

재원이는 왈칵 짜증이 났다.

"골칫덩어리 같으니라고. 수건이나 덮고 얌전히 잠이나 자지, 왜 또 깨워서 심부름까지 시키고 난리예요? 두통 씨 때문에 몽유병에 걸렸잖아요."

"흥, 몽유병은 무슨 몽유병? 몽유병에 걸렸다면 어떻게 돈에 대해 몰랐던 것을 알게 되겠니? 너는 몽유병에 걸린 게 아니라 돈에 대해서라면 모르는 게 없는, 잘생긴 두통 씨랑 이야기를 나누는 거야."

재원이는 여전히 수상쩍어하며 물었다.

"내가 환한 대낮에 말짱한 정신으로 있을 때는 가만히 있다가, 왜 굳이 잠든 다음에 깨워 이야기를 하는 거예요?"

"흠, 그건 말이다. 돈은 그 자체로 가치가 없다는 것이 잊혀야 가치 있는 것이 되듯이, 나도 항아리라는 사실이 완전히 잊혀야 멋쟁이 두통 씨가 될 수 있어. 그러려면 네가 최면에 걸려야 하는데 온전히 깨어 있는 때보다 잠들었을 때에 최면을 걸기가 훨씬 쉽거든."

"나한테 허락도 없이 최면을 걸었다고요?"

재원이는 속이 부글부글했다. 두통 씨는 능청스럽게 말했다.

"진정해. 어쩌다 보니 그렇게 됐어. 너도 내 나이가 되면 알겠지만 매일 홀로 밤을 지새우다 보면 가끔씩 이야기를 나누고 싶을 때가 있단다. 비록 상대가 성질 나쁜 여자아이라고 할지라도 말이야."

재원이는 입술을 삐죽거렸다.

"내 최면은 아주 약해서 너한테 전혀 해롭지 않아. 밖에서 소리가 나거나, 몸이 어떤 것에 살짝 닿거나, 작은 자극만 있어도 순식간에 최면에서 깨어나지."

재원이는 지난 두 번의 경우를 떠올렸다. 처음에 정신을 차렸을 때는 시계 소리가 들렸고, 두 번째에는 풀 뚜껑을 밟았었다.

"알았으면 어서 먹을 거나 가져와. 배가 고파서 현기증이 나네."

두통 씨가 재촉을 했다.

"알았으니까 그만 졸라요."

두통 씨가 멋대로 최면을 걸었다는 사실은 싫지만 돈에 대한 이야기를 듣는 것은 나름 재미있었다. 어쨌거나 자기가 몽유병이 아니라는 사실에 안심한 재원이는 선뜻 초코파이를 가져와 두통 씨 입에 쑤셔 넣었다.

"오오, 정말 맛있군. 꿀맛이야."

두통 씨가 입 안에 가득 빵을 물고 탄성을 내질렀다. 몸도 없는데 어디로 들어가는 건지 알 수 없지만 잘도 먹는다. 재원이는 자기 몫으로 가져온 초코파이를 조금씩 갉아 먹었다. 재원이는 초콜릿이 덮인 빵 부분을 먼저 먹고 하얀 마시멜로는 나중에 먹는 것을 좋아한다. 빵을 입에 넣고 우물거리던 재원이가 말했다.

"돈에 대한 믿음이 사라지면 어떻게 되느냐고 물었잖아요. 두통 씨가 뭐라고 했는데 잘 안 들렸어요."

"아, 맞아. 그랬지."

두통 씨의 눈이 반짝 빛났다. 희미한 달빛에 드러난 두통 씨의 표정은 장난스러운 악마처럼 보였다. 두통 씨는 제자리에서 빙그르르 한 바퀴를 돌고 내뱉듯이 말했다.

"무너져 내리지."

"네?"

재원이는 빵이 목에 걸려 캑캑거리며 기침을 했다.

"건물을 짓는 데 쓰이는 자의 눈금이 흔들리고 저울이 망가지면 어떻게 될까? 길이도 무게도 재지 못하는 상태에서 튼튼하고 안전한 건물을 지을 수 있을까? 절대로 아니지. 돈도 마찬가지야. 돈은 가치를 재는 가장 기본적이고 중요한 기준이야. 돈을 믿지 못하면 돈으로 표시된 가치도 믿지 못하게 되고 사회는 엄청난 혼란에 빠지지."

재원이는 가까스로 기침을 진정시키고 물었다.

"돈으로 표시된 가치가 물건의 가격을 말하는 거예요?"

"응. 물물 교환을 했을 때에는 물건의 가치를 서로 비교할 수는 있지만 가격은 없었지. 가격은 돈으로 물건의 가치를 측정하고 돈으로 물건을 교환하면서 생겼어. 과자 가격, 월급, 세금, 교통비, 입장료, 학비, 병원비, 용돈 등 생활에서 마주하는 모든 액수가 돈으로 측정된 가치야. 그리고 물건이나 서비스의 가격을 종합해 평균을 낸 것을 '물가'라고 해."

재원이는 텔레비전에서 물가가 빠르게 올랐다는 뉴스를 본 기억이 났다.

"물가가 지금보다 만 배나 오른다고 생각해 봐. 그러면 책가방 가득 돈을 넣어 가도 햄버거 하나 살 수 없을 거야."

"그런 일은 있을 수 없잖아요."

재원이의 눈까풀이 파르르 떨렸다. 두통 씨는 딱 잘라 말했다.

"천만의 말씀, 얼마든지 있을 수 있어. 국가가 돈이 필요할 때 어떻게 하면 좋을까? 세금을 많이 걷거나, 돈을 더 많이 만들면 되겠지. 그런데 갑자기 세금을 많이 걷으면 사람들이 반항하기 때문에 국가는 돈을 많이 만드는 방법을 쓰곤 했어."

흥선 대원군이 만든 돈 '당백전'

1866년 고종의 아버지 흥선 대원군은 왕실의 권위를 회복한다는 이유로 경복궁을 새로 짓고, 다른 나라가 조선에 쳐들어오는 것을 막기 위해 군대를 무리하게 키웠다. 궁궐을 짓고 대규모의 군대를 훈련시키려면 막대한 돈과 물건들이 필요한데 나라에는 충분한 돈이 없었다. 흥선 대원군은 모자란 돈을 채우기 위해 '당백전'이라는 새로운 돈을 만들었다.

당백전은 당시에 활발하게 쓰이던 돈인 '상평통보'보다 가치가 백 배 이상

컸다. 갑자기 많은 돈이 시장에 풀리자 물가가 치솟기 시작했다. 1866년만 해도 쌀 한 섬에 7냥이었는데, 2년 후에는 55냥으로 치솟을 정도였다. 물가가 오르자 백성들의 생활이 몹시 어려워졌고, 당백전의 가치도 크게 떨어졌다. 결국 당백전은 만들어진 지 6개월 만에 사용이 금지되었다.

두통 씨가 물었다.

"갑자기 돈이 많아졌는데 사람이 만들어 내는 물건은 그대로라면 어떻게 될까?"

재원이는 잠시 생각하고 대답했다.

"돈은 흔해지고 물건이 귀해지니까 물건의 가격이 오르겠네요."

"그래, 맞아. 물가가 지나치게 오르면 사람들은 먹고살기가 더욱 힘들어져. 괴로움을 견디지 못한 사람들이 들고일어나 왕을 쫓아내는 일도 있었지."

"잠깐만요."

재원이가 두통 씨의 말을 끊었다.

돈이 흔해지면 물가가 올라간다.

"돈이 만들어진 이후로 돈의 양은 점점 많아졌다고 했잖아요. 그래서 동전도 만들고 지폐도 만든 거라고요. 그냥 놔둬도 돈의 양은 많아지는데 왜 돈을 많이 만들어 내는 것이 문제가 되지요?"

"균형이 깨지기 때문이야. 돈과 돈으로 바꿀 수 있는 상품의 양이 자연스럽게 균형을 이루면 돈이 어느 정도 늘어나거나 줄어들어도 별로 문제가 없을 거야. 이론적으로는 말이지."

재원이는 빵 부분을 다 먹고 안에 들어 있는 마시멜로를 혀로 싹싹 핥았다. 자기 몫을 벌써 다 먹은 두통 씨는 재원이가 우물거리는 모습을 부럽게 쳐다보며 물었다.

"그거 안 먹을 거야?"

"이따 먹는 거예요. 그런데 돈을 많이 찍어 내는 것이 문제가 된다는 사실을 이제는 국가에서도 알 거 아니에요? 그러니 정부가 돈을 멋대로 찍어 내는 일은 없겠네요."

두통 씨가 입맛을 다셨다.

"그렇게 먹으면 얼마나 맛있는지 나도 한입 먹어 보자."

두통 씨가 꾀는 듯한 목소리로 말했다. 재원이는 마시멜로를 꾹꾹 눌러 접어 한입에 쏙 넣고 약 올리듯 손가락까지 쪽쪽 빨아 먹었다.

 한입 얻어먹을 수 있다는 희망이 사라지자 두통 씨의 눈이 세모가 되었다. 두통 씨는 심술궂게 말했다.
 "전쟁 같이 엄청난 일이 일어난다면 어떻게 해도 돈의 질서는 무너지기 마련이야. 전 세계를 휩쓴 전쟁일 경우에는 더욱 심하겠지."
 "전 세계를 휩쓴 전쟁이라고요?"
 재원이의 목소리가 이상하게 꺾였다. 두통 씨는 고소해하며 한층 음산한 목소리로 말했다.
 "지금까지 전 세계를 뒤흔들었던 전쟁은 두 번이나 있었어. 그중 먼저 일어난 전쟁이 바로 1차 세계 대전이지."

유럽 나라들의 땅따먹기 전쟁

1차 세계 대전은 유럽의 여러 나라들이 식민지를 더 많이 차지하려는 욕심 때문에 시작된 끔찍한 재앙이었다. 항해술의 발달로 새로운 땅을 찾아 나선 유럽은 너도나도 경쟁하듯이 아프리카와 아메리카 대륙의 대부분을 식민지로 만들었다. 그러나 유럽 국가들은 자신들이 차지한 식민지에 만족하지 못하고 더 많은 식민지를 탐냈다. 이미 세계의 대부분이 유럽의 식민지로 나뉘어 있었기 때문에 새로운 식민지를 만들려면 유럽의 다른 나라와 싸우는 수밖에 없었다.

이렇게 시작된 싸움이 1차 세계 대전이다. 독일, 오스트리아, 이탈리아 등이 한편이 되었고 영국, 프랑스, 러시아 등이 한편이 되어 서로 싸웠다. 전쟁은 1914년부터 4년 동안 계속되다가 독일의 항복으로 끝이 났다.

"1차 세계 대전에서 이긴 나라는 독일의 모든 식민지를 빼앗고 독일에게 엄청난 액수의 전쟁 배상금을 물렸어. 독일은 이 돈을 마련하기 위해 돈을 마구마구 찍어 냈어. 생산해 내는 물건이나 서비스의 양은 별로 달라지지 않았는데 돈이 넘쳐나니 어떻게 되겠니?"

"당연히 물가가 올라가겠죠."

"그래, 독일은 고작 6개월 사이에 물가가 1,600만 배나 올랐어.

종잇조각이 된 화폐를 수레에 산더미처럼 싣고 가도 빵 한 조각을 사기가 어려웠지. 겨우 돈을 마련해 물건을 사러 가면, 가는 도중에 물가가 올라 물건 사는 것을 포기하는 일도 생겼어. 월급을 절약해서 돈을 모은 사람보다, 월급으로 맨날 술만 마셔서 맥주병을 잔뜩 쌓아 둔 사람이 훨씬 더 잘살았을 정도니까."

"헉, 돈보다 맥주병의 가치가 더 높아진 거예요?"

"응, 이렇게 되니 사람들은 돈을 믿지 못했어. 일하는 사람들은 월급을 현금으로 받으려 하지 않았고 모두 물물 교환을 하려 했지. 담배와 초콜릿이 화폐 대신 교환 수단으로 쓰였어. 전쟁이 일어나거나 사회가 많이 불안한 지역에서는 지금도 소금이나 담배가 화폐로 쓰이기도 해."

재원이는 몸을 부르르 떨며 강아지처럼 앓는 소리를 냈다. 두통 씨가 깜짝 놀랐다.

"왜 그래?"

"지금까지 열심히 모은 돈이 한순간에 아무짝에도 쓸모없어진다고 생각하니 배가 아파요."

어서 당장 화장실에 가!
설마 나를 요강으로
쓸 생각은 아니겠지?
그건 꿈도 꾸지 마.

재원이가 배를 움켜쥐자 두통 씨가 당황해했다. 여느 때와 달리 두려움에 피리해진 두통 씨의 모습에 재원이는 기분이 좀 나아졌다.

"왜 그래요? 혹시 과거에……?"

재원이가 묻자 두통 씨는 식은땀까지 삐질삐질 흘리며 시선을 피했다.

'아무래도 두통 씨는 과거에 요강으로 쓰인 것 같은데. 잠깐, 그럼 내가 똥통을 저금통으로 썼단 말이야?'

재원이는 속이 메슥메슥해졌다. 하지만 동시에 웃음이 터져 나올 것만 같았다. 그토록 거드름을 피우던 두통 씨가 사실 똥통이었다니. 재원이가 대놓고 물었다.

"두통 씨, 예전에 똥통이었어요?"

두통 씨가 씩씩거리며 소리쳤다.

"치욕스러운 과거를 굳이 들추어내야겠냐? 좋아. 이왕 이렇게 된 거, 모조리 다 말해 버리지. 백 년 전 내 주인이었던 최면술사에게는 세 살배기 손자가 있었지. 그 녀석이 포동포동한 엉덩이를 나에게 들이대고 김이 모락모락 나는 똥을 한가득 쌌지 뭐야. 맙소사! 작은 배 속에 왜 그렇게 많은 똥이 들어 있는지는 오직 신만이 알 거야."

재원이는 배를 잡고 눈물이 날 정도로 웃었다. 실컷 웃다 보니 배가 아픈 것도 싹 사라졌다. 두통 씨가 볼멘소리로 말했다.

"다 지난 일이야. 누구에게나 가슴 아픈 추억은 있기 마련이잖아. 지금의 난 그 누구보다도 산뜻하다고."

재원이는 좀처럼 웃음을 멈출 수 없었다.

"너무하는군. 이제 그만 웃지 그래? 차라리 돈이 종잇조각이 될지도 모른다는 불안감에 벌벌 떨던 때가 낫군."

두통 씨는 조금 전에 재원이가 느꼈던 두려움을 다시 떠올리게 했다. 하지만 실컷 웃고 난 뒤여서 그런지 아까처럼 불안하지는 않았다. 마음의 여유를 찾자 궁금한 것이 생겼다. 재원이는 눈가에 맺힌 눈물을 닦아 내며 물었다.

"그런데 반대가 될 수도 있나요? 그러니까 돈보다 물건이 더 많아질 수도 있나요?"

두통 씨는 화제가 바뀐 것이 기뻐 얼른 대답했다.

"물론 그럴 수도 있지."

"하지만 이미 만들어진 돈이 불타 없어지기 전에는 돈의 양이 줄어들지 않잖아요. 돈이 줄어들면 더 많이 찍어 내면 되니까 문제가 될 게 없을 것 같아요."

"이미 만들어진 돈이 사라지지는 않지만 실제로 사용되는 돈

의 양이 줄어들거나 사용되는 돈의 양에 비해 지나치게 많은 물건이 만들어질 수 있지. 실제로 사용되는 돈의 양이 물건이나 서비스보다 적어지면 물가가 내려가."

"그건 좋네요. 같은 액수의 돈으로 더 많이 살 수 있잖아요."

두통 씨는 고개를 저었다.

"당장은 좋아 보일 수 있지만 물가가 너무 낮은 것도 문제야. 상품을 생산해서 시장에서 팔기까지는 상당한 시간이 필요한데 그 사이에 물건의 가격이 떨어지면 기업은 손해를 볼 수밖에 없어. 기업은 일하는 사람들을 해고하거나 월급을 줄임으로써 손해를 메꾸려 할 거야. 그래도 물건의 가격이 더 떨어지면 물건을 만드는 기업은 생산을 줄이거나 중단하겠지. 모아 둔 돈이 별로 없던 소규모 가게나 빚을 내서 운영하던 공장은 아예 망해 버리고 말이야."

"에에? 두통 씨, 너무 비관적으로 생각하는 거 아니에요?"

두통 씨는 아랑곳하지 않고 계속 말을 이어 나갔다.

"공장이나 가게가 문을 닫고, 일자리를 잃은 사람들은 늘어나고, 사람들은 돈이 없어 점점 더 움츠러들지. 사용되는 돈의 양은 점점 줄어들고 벗어날 방법도 보이지 않아. 이게 바로 불경기야. 심해지면 경제 공황으로 이어지기도 하지."

미국의 경제 공황

1차 세계 대전에서 승리한 미국은 신용을 이용하여 기업에게 많은 돈을 빌려주었다. 기업들은 높은 건물을 지어 올렸고, 자동차 같은 상품들을 생산해 서유럽과 중남미로 수출했다. 하지만 상품의 공급이 지나치게 많아지자 사람들의 소비가 따라가지 못했다. 물건이 팔리지 않자 기업은 은행에 돈을 갚지 못한 채 무너져 실업자가 생겨났다.

기업에게 마구 돈을 대출해 주던 은행도 돈을 돌려받지 못하게 되었다. 1930년 12월 11일 뉴욕의 최대 은행인 유나이티드스테이츠 은행이 파산하자 50만 명이 저금해 두었던 돈을 찾을 수 없게 되었다. 한 해 동안 2,300개의 은행이 문을 닫았고, 1930년부터 1933년까지 매주 평균 6만 4천여 명의 실업자가 쏟아져 나왔다.

기업 파산, 실업자 증가, 생산 축소, 소비 감소로 인하여 미국의 경제 활동이 마비되었다. 이러한 현상을 '경제 공황'이라고 하고, 경제 공황이 국제적인 규모로 퍼지게 되면 '대공황'이 된다. 미국의 경제 공황은 미국과 경제적으로 밀접한 관계를 맺고 있는 세계 여러 나라에 큰 영향을 끼쳤다.

재원이는 저도 모르게 한숨이 났다.

"돈이 너무 많아도 문제, 너무 적어도 문제네요."

"대부분의 나라에는 '중앙은행'이라는 것이 있어. 중앙은행은 나라 안에서 실제로 사용되고 있는 돈의 양을 조사해서 만들어 내는 돈의 양을 조절해. 한국의 중앙은행은 '한국은행'이지."

"아, 돈에 한국은행이라고 쓰인 것 봤어요."

"한국은행이 가장 중요하게 여기는 목표는 물가 안정이야. 물가가 지나치게 올라가거나 내려가면 사람들이 힘들여 모은 재산을 날리게 될 수도 있잖아. 물가가 안정되어야 사람들이 보람을 느끼며 일할 수 있지."

잔뜩 찌푸렸던 재원이의 이맛살이 펴졌다.

"휴우, 그럼 돈에 대해서는 중앙은행만 믿으면 되겠네요."

두통 씨는 코웃음을 쳤다.

"흥, 태평한 소리를 하는군. 돈에 대해 엄청나게 잘 알고 있는 전문가들이 모여 연구를 하고, 돈에 관련된 기관을 아무리 많이 세운다 하더라도 돈에 관해서는 마음을 놓을 수 없어."

간신히 펴진 재원이의 이맛살이 다시 찌푸려졌다.

그건 또 뭔 소리래요?
병 주고 약 주고 하는 건가요?

두통 씨는 짓궂게 웃었다. 아까 재원이에게 놀림 당한 일을 가슴, 아니 머릿속에 꽁하게 새겨 놓았던 것이 틀림없다. 그러나 두통 씨는 얼른 착한 표정을 지어 보였다.

"사람들이 만들어 내는 모든 물품과 서비스를 완벽하게 파악하는 것은 불가능해. 내 머릿속에 네가 넣어 둔 돈처럼 쓰지 않고 숨겨 둔 돈도 파악되지 않고 말이야. 무엇보다 돈에 관한 문제가 언제, 어떻게 터질지 모르는 이유는…… 에헴, 에헴."

두통 씨는 괜히 나오지도 않는 기침을 짜내며 뜸을 들였다. 재원이는 혀를 내밀어 윗입술을 핥았다. 긴장할 때 나오는 버릇이다. 두통 씨가 눈을 가늘게 뜨고 말했다.

"돈을 사용하는 사람의 마음을 완벽하게 예측할 수 없기 때문이야. 전문가들이 '이런 경우에는 사람의 마음이 이럴 것이다.'라고 생각했는데 막상 일이 닥치면 전혀 다른 방향으로 사람의 마음이 움직이기도 해. 그렇기 때문에 언제 물가가 오를지, 언제 불경기가 올지 정확히 알 수 없어."

재원이가 재빠르게 물었다.

"돈을 모으지 말고 당장 다 써 버릴까요? 그럼 돈의 가치가 없어졌을 때에도 억울하지 않을 테니까요."

두통 씨가 고개를 절레절레 흔들었다.

"저축을 하지 않겠다는 건 아주 위험한 생각이야. 저축을 하지 않는 건 돈의 힘을 포기하는 것과 같아. 저축을 하지 않으면 뜻하지 않은 일이 일어났을 때 아무것도 할 수 없거든. 걱정을 하며 안절부절못하는 대신 어떻게 해야 돈을 안전한 것으로 만들 수 있을지 생각하는 게 더 좋지."

저축을 하면 돈의 힘을 잘 이용할 수 있다.

"돈을 안전하게 지키려고 두통 씨한테 넣어 둔 거잖아요."
"이건 결코 돈을 안전하게 하는 방법이 아니야. 네가 아무리 돈을 꽁꽁 숨겨 봤자 돈의 가치가 사라지는 순간, 네 돈은 종잇조각에 불과한걸."

"어떻게 해야 돈을 안전하게 지킬 수 있을까요?"

"아직도 모르겠어? 답은 하나뿐이야. 믿을 수 있는 사회를 만드는 것만이 돈을 안전하게 지키는 유일한 방법이야."

재원이는 울상이 되었다.

"그게 말처럼 쉽나요? 내가 믿는다고 믿을 수 있는 사회가 되는 건 아니잖아요."

두통 씨는 단호하게 말했다.

"그럼에도 불구하고 '믿는 것'만이 불확실한 세상에서 함께 살아갈 수 있는 유일한 길이야."

두통 씨의 대답은 오히려 수많은 질문을 불러일으켰다. 재원이는 질문이 넘쳐나 무엇부터 물어야 할지 알 수 없었다.

"하지만……"

재원이가 또 질문을 던지려고 입을 열었지만 두통 씨는 피곤한 목소리로 말했다.

"이제 그만 자렴."

재원이가 놀라서 물었다.

"오늘은 최면에서 안 깨어나나요?"

두통 씨가 미소를 지었다.

"궁금한 게 많은 상태에서 최면에서 깨어나면 다시 잠들기 힘들 거야. 오늘은 이대로 아침까지 푹 자렴. 내 목소리가 들리지도 않을 만큼 깊이 말이야."

재원이는 순한 양처럼 두통 씨의 말을 따라 침대에 누워 잠이 들었다. 더 이상 두통 씨의 목소리는 들리지 않았다.

두통 씨의
네 번째 이야기

새로운 가치를 드러내는 돈

재원이는 오늘 대단한 일을 했다. 두통 씨 안에 들어 있던 돈을 은행에 가져간 것이다. 동전들은 남겨 놓았다. 동전이 없으면 두통 씨가 짤랑짤랑 소리를 내어 자기를 깨울 수 없을 테니 말이다.

'믿을 수 있는 사회를 만들기 위한 첫걸음이야.'

재원이는 그동안 모은 돈을 은행 창구에 내밀며 생각했다. 은행 직원은 익숙한 솜씨로 돈을 입금하고 빳빳한 종이로 된 통장을 건네주었다. 통장의 첫 장에는 288,000원이라고 또렷하게 찍혀 있었다.

재원이는 집에 와서 두통 씨 앞에 통장을 펼쳐 보였다.

"두통 씨, 이것 봐요."

그러나 두통 씨는 미동도 하지 않고 초점이 맞지 않는 짝짝이 눈으로 허공만 보고 있다. 살아 있지 않은 두통 씨는 그저 항아리에 지나지 않는다. 재원이는 두통 씨가 깨어난다면 무슨 말을 할지 궁금했다.

밤 9시가 되자 재원이는 평소보다 일찍 잘 채비를 했다. 두통 씨 앞에 껍질을 깐 초코파이를 놓고 침대로 폴짝 뛰어들었다. 너무 시간이 일러 쉽게 잠이 올 것 같지 않다고 생각했는데, 베개에 머리가 닿자마자 재원이는 가볍게 코를 골기 시작했다.

짤랑, 짤랑, 동전이 부딪히는 소리에 재원이는 눈을 뜨자마자 자랑을 했다.

"두통 씨, 오늘 돈을 은행에 예금했어요."

"그렇지 않아도 속이 텅 비어서 어질어질하네. 오, 내 뺨이 움푹 꺼졌잖아."

두통 씨는 앞에 놓인 빵을 허둥지둥 입으로 집어삼켰다. 두통 씨가 예금한 것에 대해서는 한마디도 하지 않고 먹기만 하자 재원이는 맥이 빠졌다. 두통 씨는 순식간에 빵을 다 먹고 입가에 붙은 부스러기까지 핥아 먹었다.

우적

우적

"아직도 속이 허전한 것 같아."

두통 씨는 아쉬워하며 입맛을 쩝쩝 다셨다.

재원이가 물었다.

"초코파이 하나 더 가져올까요?"

두통 씨는 고개를 저었다.

"몸매 관리를 위해 단 건 그만 먹을래. 그 대신 돈을 넣어 줘."

"돈은 두통 씨 안에 들어 있는 게 전부예요. 두통 씨 말대로 '믿을 수 있는 사회'를 만들기 위해 은행에 넣었거든요."

두통 씨가 표정 하나 바꾸지 않고 말했다.

"네가 돈을 만들면 되지."

재원이가 눈을 동그랗게 떴다.

네? 저더러 위조지폐를 만들라고요?
세상에 믿을 놈 하나 없다더니 그 말 틀린 거 없네요.

"아니, 이전에 들어 있던 돈 말고 특별한 돈을 만들라는 거야. 나의 훌륭한 가르침에 보답하는 의미에서 돈의 이름은 '두통'이라고 하는 게 좋겠군."

재원이는 상당히 미심쩍고 조금은 걱정스러운 눈으로 두통 씨를 바라보았다.

"두통 씨, 머리가 빈 게 아니라 어떻게 된 거 아니에요?"

두통 씨는 재원이의 말을 못 들은 척했다.

"두통을 만드는 방법은 여러 가지가 있겠지만 제일 쉬운 방법은 카드를 사용하는 거야. 글씨를 써넣을 카드를 준비해. 색이나 모양, 크기는 상관없어. 각각의 카드에 네가 할 수 있는 것들을 적은 다음, 카드를 사람들에게 나눠 줘."

"효도 쿠폰 같은 거요?"

"포도 쿠폰이 뭔데?"

"포도가 아니라 효도요. 어깨 주무르기, 설거지, 청소 등 제가 도울 수 있는 집안일이 적힌 쿠폰을 엄마, 아빠에게 드리는 거예요. 엄마가 '설거지'라고 적힌 쿠폰을 내밀면 제가 설거지를 하는 거죠."

"효도 쿠폰은 그냥 주는 것이잖아. 그러니 그건 돈이 아니라 선물이야. 돈이 되려면 서로 주고받을 수 있어야 해. 부모님이 두통을 사용해 너를 수영장으로 데려간다거나, 초코파이 한 상자를 주어야 두통이 돈처럼 쓰이는 거야."

재원이는 정색을 하며 손을 내저었다.

"두통이라는 돈을 주면 엄마, 아빠는 진짜 두통에 시달릴 거고, 그 대가로 저는 꿀밤이나 먹겠죠. 아, 싫어. 절대로 그런 엉터리 돈은 안 만들 거예요."

두통 씨의 얼굴 근육이 씰룩거리고 이마의 혈관이 툭툭 튀어나왔다. 어찌나 성이 났는지 손이 있다면 가슴을 마구 두드릴 기세였다. 두통 씨는 찢어지는 목소리로 소리를 질렀다.

"아니, 내가 지금까지 돈에 대해서 그렇게 열심히 설명을 했건만 웬 뚱딴지같은 소리냐? 돈이란 특정한 모습을 지닌 물건이 아니라 사람 사이의 믿음을 재료로 만들어진 거야. 그러니까 신뢰

믿음만 있다면 무엇이든 돈이 될 수 있다.

만 생기면 무엇이든 돈으로 사용할 수 있어. 조개, 깃털, 종이도 돈이 되는 마당에 왜 두통이 돈으로 쓰일 수 없다는 거야?"

'속이 비어서 저렇게 신경질을 부리는 건가? 하기야 나도 배가 고프면 기분이 나빠져서 화가 나니까.'

재원이는 얼른 돈을 만들어 두통 씨에게 넣어 주는 것이 좋겠다는 생각이 들었다. 두통 씨가 험악한 표정으로 툴툴거렸다.

"할인 쿠폰이나 백화점 상품권은 아주 자연스럽게 돈처럼 여기잖아? 제품이나 서비스를 구입하면 받는 포인트도 차곡차곡 모아서 일정한 점수가 되면 돈처럼 쓰고 말이야."

재원이는 두통 씨가 만들라고 하는 '두통'이라는 돈이 무엇인지 이제야 알 것 같았다. 하지만 여전히 해결되지 않은 문제가 있다. 가장 중요한 문제다.

"대체 누가 내가 만든 두통을 돈처럼 쓰겠어요?"

두통 씨는 이마에 핏대를 세우고 버럭 소리를 질렀다.

"당연히 너의 부모님이나 친구들 같은 주변 사람들이지. 네가 만든 돈을 미국 사람이 쓰겠냐? 중국 사람이 쓰겠냐? 이 바보야! 돈 두통을 만들라고 했더니 진짜 두통을 만들었네. 아이고, 머리야."

재원이는 더 이상 참을 수 없었다.

"왜 소리를 질러요? 자꾸 그러면 두통을 안 만들 거예요."

두통 씨는 입술을 바르르 떨었다.

"이런 불한당 같으니, 감히 협박을 하다니, 내 너를 당장……!"

재원이는 귀를 막고 혀를 쏙 내밀었다. 그리고 큰 소리로 똥을 강조하며 놀렸다.

손으로 귀를 막으면 하나도 안 들리지롱. 똥통 씨는 손이 없으니 어떻게 하나? 똥통, 똥통, 똥똥, 똥똥똥.

> 항복, 항복! 제발 그 똥통 소리만은 하지 마. 아아, 과거의 악몽이 떠오른다.

두통 씨는 머리를 세차게 흔들었다. 재원이는 마음 같아서는 두통 씨를 계속 놀리고 싶었지만 그간의 정을 생각해서 그만하기로 했다.

"좋아요. 그러니까 성질 좀 부리지 마요. 똥통, 아니, 두통 씨가 친절하게 설명해야 멋진 돈을 만들어 두통 씨를 가득 채워 줄 수 있죠."

두통 씨는 떨떠름한 얼굴로 툴툴거렸다.

"쳇, 요즘 아이들은 정말."

"뭐라고요?"

재원이가 묻자 두통 씨는 딴청을 피웠다.

"아무것도 아니야. 무슨 말을 하려고 했더라? 아, 그래. 다른 종류의 돈을 만들어 쓰는 것은 전혀 엉뚱한 생각이 아니야. 사람들이 모여 믿을 만한 도구를 만들고, 그것을 교환 수단으로 사용하기로 동의한다면 얼마든지 새로운 돈을 만들 수 있지. '지역 통화제'처럼 말이야."

"통화라고요? 전화 요금 말하는 거예요?"

"뭐라고? 이런 무식한……!"

두통 씨는 자기도 모르게 벌컥 화를 냈다. 하지만 재원이가 똥이라는 말을 하려고 입을 오므린 순간, 두통 씨는 가까스로 이성을 되찾았다.

"아니, 흠흠, 지역 통화제란 특정 지역에 모여 사는 사람들이 돈을 통하지 않고 서비스나 물품을 교환하는 제도야. 지역 통화제는 1980년대 초 캐나다의 작은 마을 커트니에서 시작했어. 당시 커트니는 마을 전체가 가난에 시달리고 있었지. 불경기 때문에 공장이나 가게들은 문을 닫았어. 일자리를 잃은 마을 사람들은 돈을 벌지 못해 생활용품도 제대로 못 사고, 병원이나 극장에도 갈 수 없었어. 아무리 노력해도 가난에서 벗어날 방법이 없어 보였지."

재원이는 턱을 괴고 열심히 들었다.

"그때 영국에서 이민 온 '마이클 린튼'이라는 사람이 아주 기발한 생각을 떠올렸어. 린튼은 커트니 마을이 가난한 이유는 자원이 없거나 마을 사람들이 무능하기 때문이 아니라고 생각했어."

재원이는 고개를 갸웃했다.

"그럼 뭐 때문이죠?"

"린튼은 커트니 마을이 가난한 이유는 매개체 역할을 하는 돈이 없기 때문이라고 판단했어."

재원이는 뚱한 얼굴로 입을 내밀었다.

"그건 기발한 생각이 아니라 당연한 거죠. 돈이 없으니 다들 고생을 하는 거잖아요."

두통 씨가 고개를 저었다.

"내 말을 끝까지 들어 봐. 린튼의 생각이 특별한 건 린튼의 문제 해결법이야. 네가 만약 돈이 없어 가난에 허덕인다면 어떻게 하겠니?"

"돈을 벌겠어요."

"그렇겠지. 그러나 아무리 부지런하고 능력이 있어도 상황 때문에 돈을 벌 수 없다면?"

재원이는 문득 매달리기가 떠올랐다. 매달리기란 말 그대로 두 손으로 철봉을 잡은 다음 턱을 떼고 팔 힘으로 매달리는 것이다. 재원이는 아무리 연습을 해도 이것만큼은 할 수 없었다. 철봉을 힘주어 잡으면 손가락 마디가 끊어질 것처럼 아프기 때문이다. 한 번은 눈물이 날 만큼 아픈 것도 참고 7초를 매달렸는데 그 뒤 며칠 동안 손가락을 펼 수 없어 결국 병원에서 치료를 받아야 했다. 병원에서는 손가락 근육이 꼬여 있고 염증까지 생겼기 때문

에 무리한 운동을 하면 안 된다고 했다. 매달리기는 연습도 하지 말아야 한다는 것이다.

흔히들 노력을 하면 된다고 하지만 아무리 노력을 해도 안 되는 일도 있지 않을까? 마찬가지로 아무리 돈을 벌려고 노력을 해도 일자리 자체가 없어서 일을 할 수 없으면 돈을 벌 방법은 없을 것이다.

"잘 모르겠어요."

재원이가 말했다.

"모르겠다고 단념하지 말고 생각을 더 해 봐. 하늘이 무너져도 솟아날 구멍은 있다고."

두통 씨의 말에 재원이는 머리를 쥐어짰지만 좋은 생각은 나지 않고 머리만 지끈거렸다. 두통 씨가 말했다.

"린튼은 돈을 벌려고 하는 대신 돈의 역할을 하는 것을 찾으려 했어."

"돈의 역할이라면 가치를 재는 기준이 되는 거요?"

"아니. 린튼이 주목한 건 돈의 매개체 역할, 즉 여러 가치를 연결하는 역할이었어. 잘 생각해 봐. 사람들이 생산한 모든 가치, 그러니까 물건이나 서비스는 돈을 통해 필요한 곳으로 옮겨지잖아. 지금부터 예를 들어 설명해 볼게."

1. 도공은 항아리를 만들어 팔아 돈을 번다.

2. 사과 장수는 사과를 판 돈으로 아이를 학교에 보낸다.

3. 선생님은 학교에서 아이를 가르쳐 돈을 번다.

4. 선생님은 학교에서 번 돈으로 항아리를 사고, 도공은 항아리를 판 돈으로 사과를 산다.

"옆의 이야기에서 항아리는 어디서 어디로 이동했지? 도공이 만든 항아리는 돈을 통해 가게를 거쳐 선생님에게로 갔지. 사과는 사과 장수에서 시작해 돈을 통해 도공한테 갔어. '교육'이라는 서비스도 돈을 통해 선생님에게서 사과 장수한테 갔지."

"이처럼 돈은 물건이나 서비스를 잘 연결해서 필요한 것들을 막힘없이 교환할 수 있게 해 줘. 그런데 돈이 물품이나 서비스를 제대로 연결하지 못하면 이용할 수 있는 자원이나 서비스가 있다고 해도 사람들은 이것을 누릴 수 없어."

"아, 정말 그러네요."

"린튼은 돈 대신 매개체 역할을 할 수 있는 것을 찾는다면 마을이 다시 활기를 찾을 것이라고 여겼어. 그래서 그는 물건과 서비스를 바꾸는 컴퓨터 시스템을 개발했어."

"컴퓨터 시스템요?"

의외의 대답에 재원이는 깜짝 놀랐다. 어떻게 컴퓨터 시스템이 돈의 역할을 할 수 있다는 걸까?

"사람들이 가지고 있는 물품이나 서비스를 컴퓨터 프로그램에 등록하면 프로그램은 이 물품이나 서비스가 어디에 있는지 그리고 이 물품이나 서비스를 누가 필요로 하는지를 보여 주었지."

"빵 만드는 장비와 기술을 가진 사람과 밀가루를 가진 사람이 연결된다면? 밀가루를 가진 사람이 빵을 만드는 사람에게 밀가루를 주고 그 대가로 빵을 받을 수 있어. 피아노를 가르칠 수 있는 사람과 피아노를 배우기를 원하는 사람이 연결되기도 했지. 회원으로 가입한 마을 사람들은 돈이 없어도 물품과 서비스를 서로 교환했어. 그동안 사용되지 못하던 기술이나 물건들이 필요한 사람들에게 옮겨져 서로 도움을 주고받을 수 있었지."

돈이 없는 어려움을 이겨 내기 위해 새로운 돈, 아니, 돈의 역할을 대신하는 것을 만들다니. 재원이는 대단하다고 생각했다.

"이렇게 시작한 지역 통화제는 장애인이나 환자, 노약자를 돌보는 다양한 사회단체에서 쓰이게 되었고 캐나다는 물론 뉴질랜드, 영국, 호주, 미국, 일본 등 전 세계로 퍼져 나갔어."

우리나라의 지역 화폐

우리나라에서도 대전, 과천, 성남, 인천, 부산, 구미를 비롯한 여러 지역에서 작은 규모의 지역 화폐들이 사용되고 있다. 2004년에 생긴 구미의 '사랑고리 은행'은 다음과 같이 움직이고 있다.

1. 몸이 불편한 김 할머니는 병원에 가야 할 일이 생기면 사랑고리 은행에 언제, 어느 병원에 갈 것인지 알린다. 사랑고리 은행에서는 김 할머니를 병원에 모시고 갈 회원을 찾는다.

2. 사랑고리 회원 중 박 아줌마가 김 할머니를 병원에 데려다주기로 한다. 박 아줌마는 김 할머니를 모시고 병원에 가서 접수를 하고 진료가 끝날 때까지 반나절 동안 김 할머니를 돌본다.

3. 박 아줌마는 반나절 일한 만큼의 고리(돈)를 받았다. 박 아줌마는 이 고리로 다른 회원이 파는 물건을 사거나, 다른 회원이 운영하는 미장원에서 파마를 하는 등 필요한 일에 쓸 수 있다.

"이러한 지역 통화제 중에는 '타임달러'라는 것도 있지."

"잠깐만요. 타임달러는 뭐예요? 시간 돈이라는 뜻이에요?"

"맞아. 타임달러는 미국 사람인 에드거 칸이 만든 것으로 시간을 돈 대신 쓰는 거야."

재원이는 시간을 어떻게 돈으로 쓴다는 건지 쉽게 상상이 가지 않았다.

"법을 공부했던 칸은 돈을 가진 사람과 돈이 없는 사람은 기회조차 공평하지 않다는 사실에 화가 났어. 부유한 사람들은 자신의 소질을 계발하고 원하는 일을 할 기회를 얻을 수 있는 반면, 가난한 사람들은 자신의 재능을 계발하거나 발휘할 기회가 주어지

지 않는 경우가 많지. 돈이 없는 사람들이 느끼는 소외감도 심각한 문제야. 경제 활동의 측면에서 볼 때 돈이 없어 물건을 살 수 없는 사람의 존재는 하찮게 여겨져. 이를테면 몇몇 제약 회사는 약값을 낼 능력이 없는 가난한 나라의 사람들을 중요하게 여기지 않아. 그래서 가난한 나라의 질병을 치료하는 약을 개발하는 데는 큰 관심을 기울이지 않지. 제약 회사로서는 약을 살 돈이 있는 사람들을 위한 약을 만드는 것이 더 이익이니까."

재원이는 방과 후에 친구들끼리 떡볶이를 사 먹으러 가는데 돈이 없어 끼지 못했던 적이 있었다. 돈이 없다고 말하는 게 괜히 싫어서 빨리 집에 가야 한다고 핑계를 댔다. 하지만 그런 일이 자주

있는 것도 아니고, 떡볶이야 먹어도 그만, 안 먹어도 그만이다.

하지만 돈이 없어서 하고 싶은 일을 못 하는 상황이 계속된다면 얼마나 의기소침해질까? 병을 치료하거나 학교에 가는 것처럼 꼭 필요한 일을 할 수 없다면 얼마나 답답할까? 더구나 주변의 모든 것들이 돈이 많은 사람들만을 위한 것처럼 보인다면 화가 치밀어 오를 것이다.

"칸이 안타깝게 여긴 것은 사람들이 자기가 실제로 얼마나 많은 능력을 가지고 있는지 모른다는 것이었어. 칸은 운전, 요리, 독서, 청소 등의 평범한 능력이 다른 누군가에게는 꼭 필요한 능력이 될 수 있다고 생각했지. 사소하지만 실은 중요한 일의 가치를 드러내는 방법을 연구한 끝에 칸은 시간을 이용한 돈, 타임달러를 생각해 낸 거야."

재원이는 타임달러가 도대체 무엇인지 여전히 아리송했다.

"시간이야말로 모두에게 공평하게 주어졌잖아? 나이가 많든 적든, 남자든 여자든, 부자든 가난하든 한 시간은 누구에게나 똑같아. 타임달러는 다른 사람을 위해 한 시간을 쓰면, 그에 대한 대가를 받는 제도야."

재원이의 양 미간에 주름이 잡혔다.

"편의점이나 음식점에서 한 시간 일을 하고 돈을 받는 거랑 뭐가 다르죠?"

"모든 사람이 공평하게 기회를 가진다는 것이 다르지. 모든 사람이 편의점이나 음식점에서 일하는 것은 아니잖아? 칸이 타임달러를 어떻게 활용했는지 알려 줄게. 칸은 시카고의 한 학교에 찾아가서 자신이 만든 타임달러를 시험해 봤어. 칸은 나이가 많은 학생들이 자기보다 어린 학생들의 공부를 도와주도록 시켰어. 상급생들이 어린 학생들의 공부를 한 시간 도우면 1타임달러를 받았는데, 100타임달러를 벌게 되면 중고 컴퓨터와 교환할 수 있었어. 그러자 놀라운 일이 벌어졌지. 그때까지 마지못해 학교에 나오던 학생들이 동생들의 공부를 도와주면서 자신이 중요한 존재라는 감정과 책임감을 느낀 거야."

"상급생들은 자신들이 돌보는 학생이 친구들에게 맞거나 돈을 빼앗기지 않도록 보호하기도 했지. 게다가 자신의 공부도 더 열심히 했어. 어때? 이런 변화는 100타임달러의 가치보다 더 귀하고 값지지 않아?"

재원이는 뺨을 긁적였다.

"우리 엄마, 아빠는 지역 통화제나 타임달러를 이용하지 않아요. 주변에도 쓰는 사람이 별로 없고요. 그렇게 좋은데 왜 다들 지역 통화제를 사용하지 않지요?"

"지역 통화제는 이익을 내는 일이 아니기 때문에 많은 부분을 자원봉사에 의존하고 있어. 영화를 만든다거나 심장 이식 수술처럼 큰돈이 들고 전문적인 기술이 필요한 일은 지역 통화제로는 감당할 수 없어. 또 지역 통화제는 마을, 학교 등 제한된 공간 안에서만 적용되고, 다른 곳에서는 돈으로 인정되지 않아. 상품권이나 쿠폰이 제한된 곳에서만 돈으로 쓰이는 것처럼 말이야."

재원이가 말했다.

"일반 돈과 지역 통화제가 함께 사용되면 좋을 것 같아요."

두통 씨는 고개를 끄덕였다.

"물론이지! 그래서 내가 새로운 돈, 두통을 만들어 보라는 거야. 일반적인 돈이 못 하는 일을 두통이 해낼지도 모르니까."

이제 재원이도 새로운 돈을 만들고 싶어졌다.

'린튼이나 칸처럼 새로운 돈을 만드는 것은 어렵지만 따라 할 수는 있어. 내 방식대로 말이야. 어쨌든 새로운 돈의 이름은 절대로 두통이라고 하지 않을 거야. 뭐가 좋을까? 재원? 아니, 이것도 이상해. 그나저나 어떤 식으로 돈을 만들까? 타임달러처럼 내가 가진 능력을 주변 사람들에게 주고 뭔가를 받는 것이 좋을 것 같다. 그런데 내가 가진 능력이 뭐지?'

가장 먼저 떠오른 것은 만화를 그리는 것이다. 수학을 잘하니 친구들의 수학 숙제를 도와줄 수도 있을 것이다. 종이접기도 잘하고 색색의 실과 구슬을 이용해 팔찌를 만들 수도 있다. 그뿐만이 아니다. 화분에 있는 이끼가 항상 푸르도록 분무기로 물을 뿌리는 것도 엄마보다 더 꼼꼼하게 한다. 빨래를 널고 개는 것도 걸레질도 잘한다.

'우아, 잘하는 게 너무 많잖아. 이걸 어떻게 돈으로 만들지?'

새로운 돈을 만드는 것도 즐겁지만 돈을 벌고 쓰는 것은 더욱 즐거울 것 같다. 서로가 서로에게 필요한 것을 주니 더 친해질 수 있지 않을까? 내가 만든 돈이 퍼져 나가 너도나도 내가 만든 돈을 쓰겠다고 할지도 모른다. 재원이가 잔뜩 들떠서 물었다.

"많은 사람들이 새로운 돈이 필요하다고 여기면 지금 쓰는 돈이랑 다른 돈이 만들어질 수 있는 거죠?"

"그럼. 돈은 지금도 계속 변하고 있어. 그리고 돈이 변하면서 사람들의 삶도 변하고 있지. 미래의 돈은 지금의 돈과는 또 다른 방식으로 사람들의 삶에 영향을 줄 거야."

"어떤 식으로요?"

"그건 네가 자라면서 알아 가게 될 거야. 새로운 돈을 만드는 데 중요한 역할을 하는 건 지금의 어린이들이니까."

"저희들이요?"

"그래, 그러니까 명심해. 네……"

두통 씨는 말을 끝내지도 못한 채 굳어졌다. 귓가에서 왱왱거리는 모기 때문에 재원이가 최면에서 깨어났기 때문이다.

'에이, 한참 중요한 순간이었는데. 망할 놈의 모기.'

재원이는 달려드는 모기를 휘휘 쫓아내고 두통 씨에게 물었다.

"뭘 명심하라는 거죠?"

항아리가 되어 버린 두통 씨는 대답이 없었다. 가로등 불빛이 벽에 드리운 나무 그림자가 바람에 흔들릴 뿐이었다.

두통 씨의
마지막 이야기

돈이 드러내지 못하는 가치

오늘은 최악, 정말이지 최악의 날이었다.

재원이는 어젯밤을 꼴딱 새우고 역사에 길이길이 남을 새로운 돈 '킬킬'을 만들었다. 킬킬은 재원이가 그린 만화이자 돈이다. 킬킬을 받고 싶은 사람은 재원이에게 무언가를 주면 된다. 예쁜 무늬가 있는 색종이를 주거나, 장미꽃 모양으로 리본 묶는 법을 가르쳐 주는 식으로 말이다.

재원이는 틈날 때마다 새로운 킬킬을 그려 사람들이 킬킬을 모으고 싶게 할 것이다. 아주 좋은 것을 주는 사람에게는 킬킬을 좀 더 많이 줄 것이다.

기대에 부풀어 킬킬 1호를 완성해 프린터로 스무 장을 뽑았더니 벌써 새벽 4시였다. 재원이는 킬킬 한 장을 두통 씨에게 넣고 나머지 킬킬은 가방에 넣고 잠들었다. 아침에 늦잠을 자는 바람에 지각을 했고, 수업 시간에는 앉아 있는 것조차 힘들 정도로 피곤했다.

재원이는 쉬는 시간에 킬킬을 꺼내 킬킬이 어떻게 돈으로 쓰이는지 설명하려 했지만 아이들은 제대로 듣지도 않고 킬킬을 가져가 버렸다. 킬킬을 가져간 대가로 좋은 것을 주기로 한 친구는 기백, 기준, 영아뿐이다. 기준이는 만화책을 빌려주기로 했다. 영아는 내용이 다른 킬킬을 일곱 장 더 모으면 자기가 아끼는 유리 반지를 주기로 했고, 기백이는 2주 뒤 킬킬을 모은 수만큼 엄마가 구운 사과 파이를 가져오기로 했다.

열아홉 장이나 나눠 줬는데 세 명에게만 뭔가를 받기로 했으니 분명히 손해였다. 그래도 아무것도 없는 것보다는 낫다고 스스로를 위로하며 수업을 시작했다. 그리고 진짜 나쁜 일이 일어났다.

뻔뻔하게 아무것도 주지 않고 킬킬을 가져간 만수가 수업 시간에 킬킬을 보다가 선생님에게 걸린 것이다. 비겁한 만수는 재원이가 킬킬을 줬다고 일렀다. 재원이는 선생님에게 킬킬이 단순한 만화가 아니라 새로운 돈이라고 설명했다.

안타깝게도 선생님은 두통 씨처럼 돈에 대해 잘 알지 못했다. 선생님은 친구들을 상대로 장사를 하는 것은 나쁜 짓이라며 반성문을 쓰게 했다. 잘못한 게 없는데 반성문이라니!

그날 밤, 짤랑 소리가 나자마자 재원이는 눈을 번쩍 뜨고 학교에서 닥쳤던 재앙에 대해 아주 자세하게 말했다. 욕도 적절하게 섞어 가며 말이다. 재원이는 두통 씨가 함께 마음 아파해 주기를 기대했다. 그러나 두통 씨는 킬킬거리기만 했다.

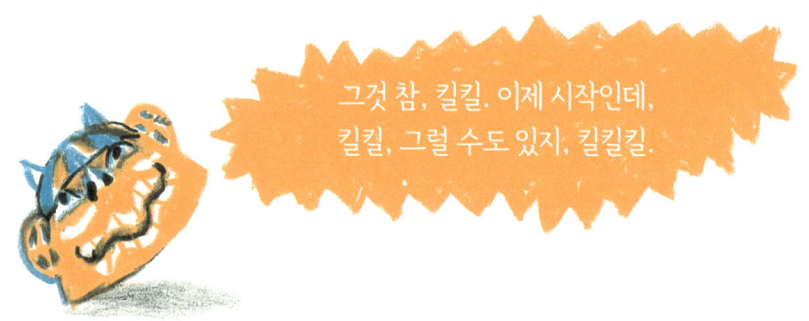

그것 참, 킬킬. 이제 시작인데, 킬킬, 그럴 수도 있지, 킬킬킬.

재원이는 도끼눈을 떴다. 남의 불행을 즐기며 킬킬거리다니 너무 얄밉다. 재원이가 차갑게 말했다.

"이번 일로 얻은 교훈은 두통 씨가 시키는 대로 하면 나쁜 일이 생긴다는 거예요."

"킬킬, 그래도 '킬킬'을 만드느라 즐겁지 않았어? 아이들도 좋아했고, 킬킬. 몇 명한테는 뭘 받기로 했다며?"

재원이는 그랬다고 순순히 대답하기는 싫어 오히려 어깃장을 놓았다.

"이제부터 돈을 싫어할 거예요."

두통 씨는 어리둥절했다.

"무슨 소리야? 킬킬, 돈은 중요하고 가치 있는 것을 선택할 기회를 주고 네 재능을 발휘할 수 있게 도와주는데 돈을 싫어하다니, 킬킬, 정말 우습군. 킬킬킬."

두통 씨가 쉴 새 없이 킬킬거리는 통에 무슨 말인지 도무지 알아들을 수가 없었다.

"도대체 무슨 말이에요? 알아듣게 설명 좀 해 봐요."

"킬킬킬, 네가 그토록 애원을 하니 좀 더 자세히 말해 주마. 킬킬킬, 아이고, 그런데 도무지 웃음이 멈추지 않는구나, 킬킬킬."

재원이가 눈을 치켜떴다. 아무래도 두통 씨 안에 넣은 킬킬 때문인 것 같다. 이런 부작용이 있으리라고는 생각도 못 했는데.

재원이는 얼른 두통 씨의 뚜껑을 열고 킬킬을 빼냈다. 그러자 두통 씨는 웃음기가 싹 가신 얼굴로 돌아왔다. 두통 씨는 조금 전까지 잃었던 위엄을 되찾느라 여느 때보다 한층 점잖게 말했다.

"돈이 없던 시절에 살던 사람들은 원하든 원하지 않든 농사를 짓고, 가축을 키우고, 베를 짜며 생활에 필요한 것들을 직접 만드는 일에 일생을 바쳐야 했어."

"물물 교환으로 필요한 물건을 구할 수 있잖아요."

물물 교환을 하려면 서로 원하는 물건이 맞아야 한다.

"물물 교환으로 얻을 수 있는 것은 한정되어 있어. 서로 주고받는 물건이 딱 맞아떨어지기도 쉽지 않지. 돈 덕분에 사람들은 필요한 물건을 직접 만들거나 구하러 다니는 것에서 벗어날 수 있었어. 예술, 운동, 문학, 정치 등 자기가 좋아하고 잘하는 일에 관심을 쏟을 수 있게 되었지. 운동선수, 예술가, 과학자, 정치가 등 한 분야의 전문가가 있는 것도 돈이 있기 때문에 가능한 거야. 돈이 없던 시절에 가우디 같은 건축가, 김연아 같은 운동선수, 스티브 잡스 같은 사업가가 나올 수 있었을까?"

두통 씨는 자기가 던진 질문에 자기가 대답했다.

"결코 나올 수 없어. 물물 교환을 하던 시절이라면 가우디나 김연아, 스티브 잡스의 재능이 드러날 기회조차 없었을 거야."

"오, 그렇군요."

재원이는 고개를 끄덕였다. 돈이란 단지 물건을 사고파는 것에만 쓸모가 있는 줄 알았는데 훨씬 더 큰 역할을 하고 있다니. 재원이가 관심을 보이자 두통 씨는 우쭐하며 말했다.

"사람들은 다른 동물들과 달리 꿈을 꾸는데……."

"에? 고양이 같은 동물들도 꿈을 꾼다던데요."

재원이가 끼어들자 두통 씨는 신경질을 냈다.

"잠자면서 꾸는 꿈이 아니라 원하는 것을 상상하는 꿈 말이야.

사람들은 하늘을 날고, 바다 속 세상을 보고, 우주를 탐험하는 꿈을 꾸었지. 이 꿈을 현실로 만들어 줄 자본이 없었다면 이런 꿈들은 하나의 생각으로만 끝나 버렸을 거야."

"자봉이 뭔데요?"

"뭐? 자봉? 무식하기는, 아예 따봉이라고 하지?"

재원이는 두통 씨의 빈정거리는 말투가 정말 마음에 안 들었다. 두통 씨 속에 킬킬을 다시 넣어 버릴까? 재원이가 주머니에 구겨 넣은 킬킬을 만지작거리는 동안 두통 씨는 자본에 대해 설명을 늘어놓았다.

"자본이란 상품을 만드는 데 필요한 자원, 돈, 땅, 노동력을 통

사과 주인이 몽땅 먹어치울 사과는
자본이 아니다.

시장에 팔려고
보관한 사과는 자본이다.

틀어 이르는 말이야. 물건을 만드는 데 바로 쓰이지 않고 남은 가치들이 모인 것에서부터 시작되었지. 땅이나 금과 같은 자원은 나타낼 수 있는 가치에 한계가 있어. 하지만 지폐나 신용만을 재료로 한 은행 계좌는 거의 무한한 가치를 표현할 수 있지. 신용을 바탕으로 한 돈이 생기자 천문학적인 자본을 모으는 것이 가능해졌어. 그래서 바다 속을 탐험하는 장비를 만들고, 우주로 로켓을 쏘아 올리고, 몸속의 암세포를 찾아내는 로봇을 개발하는 등 엄청난 비용이 들어가는 꿈같은 일들이 현실이 된 거야. 전기나 자동차 같은 발명품이나 영화, 패션, 올림픽 등의 문화와 예술 역시 거대한 자본의 힘으로 만들어졌지."

국가가 자본을 빌려주기도 한다.

재원이는 입이 딱 벌어졌다.

"와, 돈의 힘은 정말 대단하군요. 돈만 있으면 못 하는 게 없겠네요."

두통 씨는 재원이를 뚫어지게 보았다. 마치 재원이의 머릿속을 들여다보는 것 같았다. 두통 씨가 무겁게 입을 열었다.

"돈은 정말로 많은 것을 이루었어. 그런데 말이야……."

두통 씨는 말꼬리를 흐렸다. 재원이의 한쪽 눈썹이 올라갔다.

"그런데 뭐요?"

두통 씨는 단어를 고르며 천천히 말했다.

돈을 대단하다고 여길수록 부작용도 나타나. 돈이 나타내는 가치가 전부라고 생각해 버리거든.

재원이는 혼란스러웠다.

"돈이란 가치를 재는 기준이니까 돈으로 표시된 가치를 받아들이는 건 당연한 거 아니에요? 그게 왜 부작용이에요?"

"돈은 모든 가치를 보여 주는 게 아니라 경제 활동에 필요한 가치 그리고 벌금처럼 사회적으로 정해진 가치만을 보여 주거든. 그러니 돈이 보여 주는 가치가 전부는 아니지."

재원이가 얼굴을 잔뜩 찡그리며 손가락으로 머리 전체를 꾹꾹 눌렀다.

"돈으로 표시된 가치를 믿지 말라는 거예요? 그건 돈을 믿지 말라는 소리나 같잖아요."

두통 씨가 별안간 목소리를 낮추었다. 재원이는 잘 듣기 위해 귀를 가까이 가져갔다.

"그게 아니라 돈으로 나타난 가치 외의 다른 가치도 진지하게 생각해 봐야 한다는 거야. 나무 한 그루의 가치를 떠올려 봐. 산소를 만들어 공기를 깨끗하게 만들고, 비가 오거나 바람이 불 때 땅이 깎여 나가는 것을 막아 주지. 풍경을 아름답게 하고 무더위를 피할 수 있는 그늘을 드리워. 수많은 곤충과 새, 동물들에게 살아갈 보금자리도 마련해 주지. 이 모든 것이 나무 한 그루의 가치야. 그런데 돈으로 표시되는 나무의 가치는 목재 시장에서 나무를 사고파는 가격뿐이야. 돈으로 표시된 가치만 중요하게 여긴다면 나무를 마구 베어 버리겠지. 당장 나무를 베어 파는 것이 이익이니까 말이야."

재원이는 책상을 쾅 내리쳤다. 그 바람에 두통 씨가 들썩였다. 두통 씨는 턱이 쑤시는지 입을 이리저리 움직였다.

"많은 사람들이 돈이 나타내는 가치만을 받아들였고 마구잡이로 나무를 베었지. 숲은 걷잡을 수 없이 줄어들고, 살 공간을 잃어버린 생물들도 함께 사라졌어."

재원이는 학교에서 그런 내용의 영화를 본 적이 있다. 개발이라는 목적 아래 울창한 숲들이 사라져 버렸고, 공장과 자동차에서 쏟아져 나오는 폐수와 매연으로 공기와 흙, 물이 오염되었다. 그 결과 오존층이 파괴되고 이산화탄소의 양이 늘어나는 바람에 지구 온난화가 진행되고 있다는 내용이었다.

선생님은 우리들이 물건을 아껴 쓰지 않기 때문에 공장에서 계속해서 물건을 만들어 내고, 그 결과 환경이 오염되고 자원이 사라져 버리는 거라고 했다. 그러니 물건을 재활용해서 쓰거나 아

나무 한 그루의 가치는 어떻게 계산할까?

껴 써야 한다고 했다.

　재원이는 문득 책상을 내려다보았다. 갈색 나무로 만든 책상이다. 원래 사촌 언니가 쓰던 책상을 물려주겠다고 했는데 재원이가 새것을 갖고 싶다고 우기는 바람에 산 책상이었다. 재원이는 슬그머니 책상에서 손을 떼었다.

환경 파괴는 자기와 상관없는, 나쁜 사람들이 하는 일이라고 재원이는 생각했다. 그런데 나무로 만든 책상을 사는 사람이 있으니까 나무를 베는 거 아닐까? 그럼 굳이 새 책상을 사겠다고 고집을 부린 나도 환경을 파괴하는 데 영향을 미친 것이 아닐까? 머릿속이 복잡해졌다.

재원이를 지켜보고 있던 두통 씨가 속삭이듯 말했다.

"돈으로 표시된 가치뿐만 아니라 돈으로 표시되지 않은 가치들도 함께 생각할 때에만 나무를 보존하겠다는 결심을 할 수 있어. 새 책상을 사는 대신 남이 쓰던 헌 책상을 기꺼이 물려받을 수도 있지."

재원이의 얼굴이 빨개졌다. 두통 씨는 재원이를 비난하지는 않았지만 단호하게 말했다.

돈으로 표시되지 않은 가치를 생각해야 가난한 자들과 자연에게 폭력을 휘두르지 않을 수 있어.

돈에 밀려 삶의 터전을 잃은 사람들

서울시는 재개발 사업을 위해 용산 4구역의 집과 가게들을 철거하기로 했다. 새로운 곳으로 이사를 가야 하는 사람들에게 지급되는 보상금은 형편없이 적었다. 2008년 11월부터 철거가 시작되었고, 살 곳을 마련하지 못한 철거민들은 추운 겨울에 길거리로 내몰리게 되었다. 위기에 몰린 철거민은 건물 옥상에서 시위를 벌였고 경찰이 이를 진압하는 과정에서 화재가 발생했다. 결국 철거민 다섯 명과 경찰 한 명이 사망하였고, 스물세 명이 부상을 입었다.

"무엇보다 중요한 것은 네가 어떤 가치를 중요하게 생각하고 받아들이느냐에 따라 너의 미래가 결정된다는 거야."

재원이의 입이 살짝 벌어졌다.

"첫날 내가 벌금이 사람의 가치를 정하게 되었다고 말했을 때, 네가 뭐라고 했는지 기억해?"

물론 기억하고 있다. 재원이는 주먹을 불끈 쥐었다.

"옳지 않다고, 말도 안 된다고 했어요."

"왜 말이 안 되는데?"

"사람한테 물건처럼 가격을 붙이면 안 된다고 믿으니까요. 이건 상식이라고요."

두통 씨가 다시 물었다.

"그런데 왜 돈을 많이 버는 직업이 그렇지 못한 직업보다 더 인기가 있지? 왜 돈이 많으면 우쭐해지고, 돈이 별로 없으면 스스로를 초라하게 느끼지?"

재원이는 '모든 사람들이 다 그런 건 아니다.'라고 말하려다 그만두었다. 많은 사람들 그리고 무엇보다 자기 자신이 두통 씨가 말한 대로이기 때문이었다.

막연하게 변호사가 되겠다고 생각했다. 물론 연예인도 좋고 작가, 과학자도 좋다. 그런데 이 모든 장래 희망에는 돈을 많이 벌 수 있다는 공통점이 있었다. 돈을 잘 버는 변호사, 인기 있는 연예

돈으로 사람의 가치를 정할 수 있을까?

인, 유명한 작가, 성공한 과학자가 되고 싶은 것이다. 돈을 못 버는 변호사, 인기 없는 연예인, 아무도 알아주지 않는 작가, 실패한 과학자는 되기 싫었다. 두통 씨가 물었다.

"가진 돈의 양으로 사람의 가치를 정해 버리는 것과 옛날에 벌금으로 사람의 가치를 정해 버린 것이 뭐가 다르지?"

재원이는 입을 꼭 다물고 한마디도 하지 않았다. 아니, 한마디도 할 수 없었다. 머릿속이 백지처럼 하얗다. 두통 씨가 가볍게 고개를 흔들었다.

"나무한테 돈으로 표시된 가치 외에 중요한 가치가 있는 것처럼 사람도 마찬가지야. 돈이 나타내는 가치에 얽매이지 않고 자기 자신을 들여다보면 좋은 점들을 많이 발견할 수 있을 거야. 이렇게 발견한 것들이 자신의 미래를 바꿀 수 있지. 만화를 그리는 것에서 가치를 찾으면, 돈으로 따졌을 때 지금 당장 가치가 없더라도 즐겁게 만화를 그릴 수 있단다."

빠르게 말을 쏟아 내던 두통 씨는 말을 멈추고 숨을 돌렸다.

재원이는 가슴 한쪽을 누르고 있던 돌멩이가 쑥 빠진 것 같았다. 만화를 그리는 것이 제일 좋지만 그동안 아무도 만화 그리는 것을 격려해 주지 않다. 오히려 만화를 그리는 시간에 공부를 해야 한다고 말하는 사람이 많았다. 재원이는 두통 씨가 만화를 즐겁게 그리라고 말해 줘서 기뻤다.

"린튼이나 칸이 지역 통화제나 타임달러처럼 멋진 돈을 만들 수 있었던 것은 돈으로 표현되지 못한 가치들을 알아보았고, 모든 가치가 소중하다고 믿었기 때문이야."

두통 씨는 말을 멈추고 재원이를 다정하게 쳐다보았다. 아주 친한 친구를 보는 것처럼, 부모가 자식을 바라보는 것처럼 말이다. 재원이는 두통 씨에게 이마를 기대고 싶은 마음을 간신히 참았다. 두통 씨가 부드럽게 말했다.

하나의 대상에 숨어 있는
무수히 많은 가치를 찾아내렴.
그래야 돈이 진짜 역할을
할 수 있으니까.

진짜 역할요?

재원이가 입술을 달싹였다. 목이 잠겨 목소리가 잘 나오지 않았다.

"사람들이 서로 좋은 관계를 맺게 하고, 저마다의 꿈을 이루게 하는 것이 돈의 진짜 역할이지. 이렇게 할 수 있는 돈이야말로 모두가 꿈꾸는 돈인 거야."

'모두가 꿈꾸는 돈이라. 그런 돈이 있으면 좋겠다.'

재원이는 속으로 중얼거렸다. 그때 좋은 생각이 떠올랐다. 보통 좋은 생각이 아니라 정말 특별하게 좋은 생각이어서 가슴이 설렐 정도였다. 재원이가 눈을 반짝이며 말했다.

"두통 씨한테 들은 돈에 대한 이야기를 킬킬에 조금씩 그려 넣을 거예요. 그 킬킬을 친구들이나 부모님, 선생님에게 나누어 주면 다들 돈에 대해 좀 더 잘 알게 될 거예요. 그리고 킬킬이 그냥 만화가 아니라 새로운 돈이라는 사실도 받아들일 수 있겠지요. 킬킬을 계속 만들어 사용하다 보면 어떻게 해야 더 좋은 돈을 만들 수 있는지 알게 되지도 몰라요. 그게 끝이 아니에요. 두통 씨의 이야기를 모아 한 권의 책으로 만들 거예요. 돈에 대한 책인 거죠."

재원이의 얼굴이 분홍빛으로 달아올랐다. 두통 씨는 자기 이야기가 들어간 책이 만들어진다는 말에 감격했는지 눈시울이 촉촉해졌다.

"좋아. 정말 좋은 생각이야."

두통 씨가 환호성을 지르며 펄쩍 뛰어올랐다. 두통 씨가 허공에 떠 있는 바로 그 순간, 재원이가 최면에서 깨어났.

바깥은 아무 소리도 없이 조용했고, 피부에 닿은 것도 없었다. 공기조차 움직이지 않을 정도로 방 안은 고요했다. 그럼에도 불구하고 재원이는 최면에서 깨어났다.

두통 씨는 그대로 바닥으로 곤두박질쳤다.

쨍그랑!

139
돈이 드러내지 못하는 가치

두통 씨는 요란한 소리를 내며 산산조각이 났다.

곧이어 엄마가 방문을 열고 뛰어 들어왔다. 엄마는 책상 옆에 서 있는 재원이와 형태도 알아볼 수 없이 부서진 항아리를 번갈아 보며 소스라치게 놀랐다.

"어머, 어떻게 된 일이니? 다치지 않았어?"

재원이는 아무 말 없이 박살이 난 두통 씨를 내려다보았다.

아무런 느낌이 들지 않았다. 손가락을 베인 순간에는 통증을 못 느끼다가 한참 뒤에야 욱신거리는 것처럼, 나중에 마음이 아파 올지도 모른다. 하지만 그럴지, 안 그럴지 정확히 모르겠다. 두통 씨 말대로 사람의 마음이란 이렇다, 저렇다 예측하기 어려우니까.

재원이는 주머니에 손을 넣었다. 손끝에 킬킬이 바스락거리는 촉감이 느껴졌다. 그 순간 확실히 알 수 있었다.

두통 씨의 가치는 여전히 남아 있다. 재료가 사라져도 가치가 남아 있는 돈처럼. 킬킬이 그 증거이고 앞으로 만들 책이 또 하나의 증거가 될 것이다.

엄마가 재원이의 머리를 쓰다듬었다.

"깨져 버려서 아깝네."

재원이는 마치 울음을 터뜨릴 것처럼 입술을 씰룩였다. 그러나 곧 희미한 미소를 지으며 말했다.

"괜찮아요. 두통 씨의 가치는 사라지지 않았으니까요."

이것으로 재원이와 두통 씨의 이야기를 마치려 한다. 두통 씨가 깨진 이후에도 재원이는 계속 킬킬을 만들었다. 그러나 야심차게 시작했던 킬킬은 역사에 남을 돈으로 자리 잡지 못하고 사라져 버렸다.

재원이는 어른이 되었고 자기가 제일 좋아하는 일, 만화가 들어간 책을 만드는 일을 하고 있다. 풀벌레가 날개가 부서져라 울어 대던 여름밤, 책상에 앉아 무슨 책을 쓸까 고민하던 중 어린 시절에 가지고 있던 머리통 모양의 저금통이 떠올랐다.

이쯤 되면 '혹시?'라는 생각을 하지 않았나? 그렇다. 재원이가 바로 이 책을 만든 것이다. 여전히 남아 있는 두통 씨의 가치를 모두에게 보여 주기 위해서.

 돈은 어떻게 달라져 왔을까?

기원전 10000~6000년

소, 양, 돼지 같은 가축이나 곡식, 소금이 화폐처럼 사용되었다. 조개 껍데기 역시 아시아, 아프리카 등에서 화폐로 사용되었다.

기원전 2000년

메소포타미아 지역에는 곡식, 금속 등을 보관하고 빌려 주는 '은행'이 있었다.

기원전 1000년~700년

중국에서 금속 화폐가 쓰였다. 농기구 모양의 포전과 칼 모양의 도전, 둥근 모양에 네모난 구멍이 난 청동 동전도 사용되었다.

910년

중국에서 최초로 종이로 만든 돈, 지폐를 발행했다.

1633~1672년

유럽의 금 보관소가 은행으로 발전했다. 금 보관증이 지폐처럼 쓰였다.

1800년대 후반

오늘날 사용하는 화폐 제도(지폐와 동전)가 전 세계적으로 쓰이게 되었다.

1950년대

미국의 몇몇 기업들이 신용 카드를 발급하기 시작했다.

1995년~현재

금융 거래의 대부분이 지폐나 동전 대신 전산으로 처리되고 있다.

 작가의 말

돈을 좋아하는 모든 어린이들에게

안녕? 나는 돈을 아주아주 좋아하는 재원이야.
아주 어릴 때에도 돈을 좋아했고, 좀 커서도 좋아했고,
더 큰 지금도 좋아하고, 앞으로도 좋아할 거야.
내가 돈을 좋아한다는 사실은 변하지 않는데
돈을 좋아하는 이유는 계속 달라졌단다.

아주 어릴 때에는 돈이 예뻐서 좋아했어.
그래서 여러 나라의 돈을 모으고 그 모양을 보며 즐거워했어.
좀 커서는 돈으로 과자나 장난감을 살 수 있기 때문에 좋아했지.
직장에 다닐 때는 은행에 돈을 저축하고는
그 돈으로 뭘 할지 상상하는 것이 좋았어.
(그때는 돈을 쓰는 것은 별로 좋아하지 않았어.)
지금은 아픈 곳을 치료하고, 내가 좋아하는 사람들과
좋아하는 일을 하기 위해서 돈을 쓰는 것이 좋단다.

앞으로는 어떤 이유 때문에 돈을 좋아할지 잘 모르겠구나.
그건 내가 앞으로 어떤 사람이 될지에 따라 달라질 테니까.

내가 돈을 좋아하는 이유가 계속 바뀐 것은
그때그때마다 돈을 다르게 여겼기 때문이야.
돈을 예쁜 물건으로 여기느냐,
물건을 얻거나 알 수 없는 미래를 준비하는 도구로 여기느냐,
사람들과 좋은 관계를 맺게 해 주는 수단으로 여기느냐에 따라
돈을 좋아하는 이유와 돈을 대하는 태도가 달라지지.
그리고 무엇보다 돈을 통해 얻는 행복도 달라져.

나는 너희들도 너희들 자신의 행복을 위해
돈을 어떻게 여길지를 생각해 보았으면 해.

2015년 8월

권재원

사회와 친해지는 책 ● 경제
좋은 돈, 나쁜 돈, 이상한 돈

2015년 9월 1일 초판 1쇄 발행
2024년 4월 11일 초판 12쇄 발행

지은이　　권재원
펴낸이　　염종선
책임편집　이하림
디자인　　이재희
펴낸곳　　(주)창비
등록　　　1986. 8. 5. 제85호
제조국　　대한민국
주소　　　10881 경기도 파주시 회동길 184
전화　　　031-955-3333
팩스　　　031-955-3399(영업) 031-955-3400(편집)
홈페이지　www.changbikids.com
전자우편　dongmu@changbi.com

ⓒ 권재원 2015
ISBN 978-89-364-4682-6 73320

* 이 책 내용의 전부 또는 일부를 재사용하려면 반드시 저작권자와 창비 양측의 동의를 얻어야 합니다.
* 책값은 뒤표지에 표시되어 있습니다. * KC마크는 이 제품이 공통안전기준에 적합하였음을 의미합니다.
* 사용 연령: 5세 이상 * 종이에 베이거나 긁히지 않도록 주의하세요.